Erfolgreich versagen als Mann

Erfolgreich versagen als Mann

EVA LANZE

Erfolgreich versagen als Mann

Wie du deine Partnerschaft
vor die Wand fährst –
oder die Kurve kriegst

Bibliografische Information der Deutschen Nationalbibliothek
Die Deutsche Nationalbibliothek verzeichnet diese Publikation
in der Deutschen Nationalbibliografie;
detaillierte bibliografische Daten sind im Internet
über http://dnb.dnb.de/ abrufbar.

Satz, Umschlaggestaltung und Verlag: BoD · Books on Demand
GmbH, In de Tarpen 42, 22848 Norderstedt

Druck: Libri Plureos GmbH, Friedensallee 273, 22763 Hamburg

ISBN: 978-3-7597-2668-1

*Freiheit und Verbundenheit
gehen Hand in Hand.
In Freiheit verbunden und
in der Verbundenheit frei zu sein,
ist LIEBE.*

INHALT

Vorwort

Lieber Mann,

vielleicht hast du gerade dieses Buch aufgeschlagen, weil du in einer Partnerschaftskrise steckst. Vielleicht liest es auch zunächst deine Frau. Oder sie hat es dir ans Bett gelegt.

Egal, wie du hierhergeraten bist: Dieses Buch ist jetzt gerade richtig für dich. Das schreibe ich nicht als Marketingspruch, sondern weil ich deine Situation täglich vor Augen habe. Du hast dieses Buch JETZT in der Hand. Damit hast du die Chance zu retten, was zu retten ist. Vertue sie nicht.

Als Therapeutin begegne ich täglich Menschen, die sich eine erfüllende Partnerschaft wünschen. Leider erlebe ich viel zu viele Männer, die die Brisanz einer Partnerschaftskrise erst erkennen, wenn ihre Frau angefangen hat zu handeln. Dann ist es häufig zu spät, weil FRAU erst handelt, wenn sie bereits vor Wochen eine Entscheidung getroffen hat. Und die lautet zu oft, die Beziehung zu beenden.

Ich will nicht, dass dir so etwas auch passiert. Deshalb habe ich für dich als Mann dieses Buch geschrieben.

Wenn dir jetzt schon die Lust vergangen ist, weiterzulesen, lies es trotzdem. Wenn du Angst bekommst bei meinen Worten, erst recht. Und wenn du in einer Partnerschaftskrise bist und gerade keine Ausdauer hast für ein Beziehungsbuch, dann lies zuerst die Zusammenfassung der 22 Tools und To-dos am Ende dieses Buches und auch die „Männerstimmen zum Glück in ihrer Partnerschaft".

Wenn du direkte Lösungen suchst, dann lese gern die Auflistungen am Ende der einzelnen Kapitel.

Solltest du jetzt aber neugierig auf das ganze Buch geworden sein, empfehle ich dir, beim ersten Kapitel anzufangen und dann Kapitel für Kapitel zu lesen. So bekommst du langsam und stetig immer mehr Verständnis für eure Partnerschaftskrise.

Jedes Kapitel enthält Ideen für die Konfliktbewältigung im Alltag, Kommunikationshilfen für Gespräche mit deiner Frau und Unterstützung, um zunächst dich selbst und dann auch deine Frau besser zu verstehen.

Wenn du Widerstand spürst und am liebsten aufhören würdest, lies einfach weiter. Nicht alles, was ich schreibe, entspricht jedem Leser. Wenn etwas für dich nicht passt, ist das okay.

Du kannst dir auch zunächst die Überschriften anschauen und das Kapitel lesen, das dir als Erstes ins Auge springt. Da Männer in meiner Praxis häufig eine fehlende Sexualität als größtes Problem in ihrer Partnerschaft beschreiben, findet das Thema Sex immer wieder seinen Platz.

Für jedes Kapitel gilt: Ich lasse dich durch kleine Geschichten am Alltag meiner Klienten teilhaben. Du wirst dich in den Paarkonflikten und emotionalen Ausbrüchen der Beteiligten garantiert wiederfinden. Und du bist eingeladen, den wichtigsten Learnings der Männer aus meiner Praxis zu folgen. Auch meine eigenen Erfahrungen als Frau, Mutter und Partnerin fließen ein. Du erfährst, wie du wieder attraktiv wirst für deine Frau. Und wie sie für dich an Schönheit gewinnt durch deine Veränderung.

Ich lade dich herzlich dazu ein, dich inspirieren und ermutigen zu lassen, die Kurve zu kriegen, auch wenn es schon fünf vor zwölf ist.

Danke, dass du hier bist.

Noch eines: Der Anforderung, in jedem Satz gendergerecht zu schreiben, genüge ich bewusst nicht. Ich weiß, dass dies in der heutigen Zeit vielleicht auf Widerstand stößt. Doch möchte ich deinen Lesefluss nicht durch komplizierte Formulierungen unterbrechen. Einverstanden?

Sei versichert: Ich respektiere zutiefst jegliche Art von Menschsein und liebe es bunt und vielfältig. Beziehungskrisen sind individuell, männliche und weibliche Anteile stecken in jedem von uns.

Und zuletzt: Alle Praxisgeschichten basieren im Kern auf wahre Begebenheiten und realen Beispielen. Um meine Klientenpaare in ihren Persönlichkeitsrechten zu schützen, habe ich aus mehreren Personen eine gemacht, Geschlechter und Familienzusammensetzungen verfremdet und die Konflikte geschildert, die auf die eine oder andere Art immer wieder Schwerpunkte meiner Arbeit sind.

Ich wünsche dir, dass du durch dieses Buch besser verstehen kannst, was zu deiner Krise geführt hat, einen Sinn darin erkennst und hier machbare Lösungen findest.

Viel Freude und viele neue Erkenntnisse beim Lesen!

Eva

I.
DIE GESCHLECHTER UND IHRE TÜCKEN

1. Möchtest du, dass sie ihren Mann steht oder lieber ihre pure Weiblichkeit genießen?

Die Reifen ihres Autos quietschen, als sie mit Vollgas anfährt. Tränen laufen ihr über die Wangen auf die neue Jacke, ihr einziger Trost in diesem Moment. Fast crasht sie die Mülltonne, die wie vergessen an der Straße vor dem Haus steht. Sie hatte die Tonne selbst hinausgestellt, aber noch nicht wieder hereingeholt. Noch ein To-do. Warum muss sie das alles allein machen? Tiefe Verzweiflung macht sich in ihr breit. Wohin jetzt? Ausbrechen aus dem Siedlungsleben, ihrem Alltag. Müde von all den Dingen, die täglich abzuarbeiten sind. Das soll ihr Leben sein? Es muss doch noch etwas anderes geben. Und wieso hilft ihr Mann ihr nicht? Wieso vergisst er alles?

Nachdem sie in ihren Gedanken versunken vom Hof gebraust ist, steht er fassungslos vor der halb offenen Haustür. Was soll das jetzt wieder? Wie kann er sie je verstehen? Gerade noch war er gut gelaunt aus der Firma nachhause gekommen, eine kleine eilige Begrüßung in der Küche, während er seine Tasche in die Ecke stellte. Sie schaute ihn an und fragte ziemlich harmlos: „Schatz, hast du daran gedacht, auf dem Rückweg die Grillwürste beim Metzger abzuholen, für unseren Grillabend morgen?" Innerlich kurz geschockt, atmete er tief durch, ließ sich die Anspannung aber nicht anmerken. Dann sagte er völlig entspannt: „Ach Schatz, das habe ich im Eifer des Gefechts vergessen. Die Würste bringe ich morgen mit."

Die wenigen Worte reichten, um die Bombe zu zünden. Mit einem „Auf dich ist überhaupt kein Verlass!" war sie aus dem

Haus gestürzt, hatte sich ins Auto geflüchtet und war kopflos davongerast.

Bei ihrer Hochzeit hatten sie den gemeinsamen Traum eines glücklichen Lebens.

Während er nun grübelnd und frustriert die Tür schließt und zum x-ten Mal die Welt nicht mehr versteht, geht sie ihren Gedanken nach.

Bei ihrer Hochzeit hatten sie den gemeinsamen Traum eines glücklichen Lebens. Und alles war seitdem eigentlich gut gelaufen. Das Haus gebaut, Kinder bekommen, tolle Kinder, eigentlich alles gut. Warum fühlte es sich jetzt nur noch unbefriedigend an? Und warum beherrschte das Wort „eigentlich" jede Beschreibung ihres Familienlebens? Ein sich in hohem Tempo drehendes Hamsterrad. Jeden Morgen die Kinder fertig machen für Kindergarten und Schule, dann selbst ins Büro, mittags das Gleiche rückwärts, Kinder einsammeln, zurück nachhause, Essen kochen, Wäsche waschen, einkaufen ... Und dann alles wieder von vorn. Nie etwas zu Ende bringen und immer an der Belastungsgrenze sein. Und ihm ging es eigentlich ähnlich. Schon wieder dieses Wort.

Ihr Mann ahnt nicht, wie verzweifelt sie durch die Siedlung fährt, während ihr die alten Träume vom Reisen, Städte-Erkunden und all dem, was sie sich als junges Paar mal ausgemalt hatten, durch den Kopf gehen. Bestimmt hatte er ähnliche Sehnsüchte, sie hatten so lange schon nicht mehr gemeinsam darüber gesprochen.

„Ich hasse dieses Leben!", schreit sie im Innenraum ihres Autos, wo niemand sie hört, während sie dorfauswärts auf die Landstraße abbiegt. Möglichst nicht vor den Kindern weinen, denkt sie sich, schließlich sollen die nicht mitbekommen, wie müde, erschöpft und verlassen sich ihre

Mutter fühlt. Und auch nicht ständig mit dem Mann streiten, das bringt keine Lösung. Ihre Gedanken machen sich selbstständig und die daraus entstehenden Gefühle auch.

Währenddessen öffnet er zuhause, im Reihenhaus der Familie, den großen Kühlschrank, überlegt, was er essen möchte, und schließt ihn frustriert wieder. Ihm ist der Appetit vergangen. Den Gedanken an das, was sich da gerade anbahnen könnte, kann er nicht ignorieren. „Schon lange vermeide ich den Augenkontakt mit ihr", überlegt er. Denn allein durch den Blick in ihre Augen läuft er Gefahr, die Bombe zu zünden, die jederzeit hochgehen kann, wie gerade erst geschehen. Oft genug streiten sie, wenn die Kinder im Bett sind. Gegenseitig werfen sie sich dann vor, was alles schiefläuft. Dabei hat er gerade auch im Job viel zu viel zu tun. Das Schlimmste aber ist: Er versteht sie einfach nicht mehr.

Allein durch den Blick in ihre Augen war er der Gefahr ausgesetzt, die Bombe auszulösen.

Während sie sich im Auto langsam beruhigt und schon eine Ausrede überlegt für ihren abendlichen Ausbruch, ihre Tränen abwischt und sich kurz im Spiegel anschaut, ob das Make-up noch sitzt, verliert sie für einen kurzen Augenblick die Aufmerksamkeit für die Straße. Sie sieht das Reh zunächst nicht, das auf die andere Straßenseite wechseln möchte. Als sie das Tier dann plötzlich bemerkt, geht sie mit ihrem ganzen Körpergewicht auf die Bremse. Dabei kommt sie etwas von der Fahrbahn ab, doch im letzten Moment steht das Auto. Das Reh springt über den Seitengraben in Sicherheit und verschwindet, als sei es nie dort gewesen. Kein Auto hinter ihr, keines vor ihr. Puuh, nichts passiert. Adrenalin, Erleichterung. Glück gehabt.

Während sie vorsichtig die Fahrt fortsetzt, kommen ihr

plötzlich neue Gedanken. „Jetzt reicht es!", beschließt sie. „Es muss etwas passieren. Das mit dem Reh muss ein Zeichen sein. Wir brauchen Hilfe."

Zuhause angekommen, berichtet sie ihrem Mann, was sie gerade beschlossen hat und was ihren Entschluss ausgelöst hat. Und ihr Mann, irgendwie auch erleichtert, dass nichts passiert ist und in ihrer Beziehung endlich etwas ins Rollen kommt, stimmt dieser Idee sofort zu.

Drei Wochen später:

Das Paar sitzt vor mir in den bequemen Sesseln, die meinen Praxisraum besonders machen, und beide schauen mich erwartungsvoll an. Sie sind sich nur in einer Sache einig: So wie es jetzt gerade läuft, kann es nicht weitergehen. Deshalb sind sie hier.

Kaum stelle ich die Frage: „Wer möchte schildern, welches Thema Sie beide zu mir geführt hat?", wird kurz diskutiert, wer nun anfängt, und es beginnt die Frau.

„Wir streiten nur noch. Er versteht mich überhaupt nicht, hört mir nicht zu, lässt mich nicht ausreden und sieht nicht, was ich alles tue für ihn und die Kinder. Ich muss zuhause alles allein machen. Ich weine viel und kann nicht mehr, und wenn ich meine Tage habe, ist es besonders schlimm. Und vor drei Wochen hatte ich fast einen Autounfall. Ich war außer mir, nur weil er vergessen hatte, Würste abzuholen, die wir beim Metzger vorbestellt hatten. Da wurde mir klar, dass es so nicht weitergehen kann mit uns."

„Und jetzt redet er wieder tagelang nicht mit mir."

Er erwidert daraufhin sofort: „Das stimmt so nicht. Du siehst nicht, was ich alles tue und dass ich gerade im Job sehr eingebunden bin. Sobald wir aufeinandertreffen, beschwerst du dich bei mir und überhäufst mich mit Vorwürfen. Und dann explodierst du plötzlich – oder bist einfach weg. Setzt dich ins Auto und fährst durch die Gegend. Ich stehe dann wie blöd da und weiß nicht, was los ist. Das geht so nicht mehr."

Woraufhin sie ungebremst klagt: „Jetzt macht er mir schon wieder Vorwürfe und lässt mich nicht ausreden! Sehen Sie, so macht er das immer, und wenn er etwas vergisst, tut er so, als sei das nicht schlimm."

Woraufhin er den Kopf schüttelt und verstummt.

Darauf sie: „Und jetzt redet er wieder tagelang nicht mit mir."

Im Raum macht sich Ohnmacht breit. Ich spüre, wie es diesem Paar geht, und auch, dass die beiden gerade keinen Ausweg sehen.

Jetzt ergreife ich das Wort und schaue beide an. Ich erkläre dem Paar, dass ihr Wortwechsel für mich eine typische Form von Angriff und Verteidigung in der Kommunikation darstellt. Dabei zeigen beide Partner ihre unbewussten Reaktionen auf „Gefahr", die dem ähnlich sind, was auch in der Tierwelt passiert: Angriff, Flucht oder Totstellen. Jeder der beiden favorisiert unbewusst eine dieser Arten, um auf eine verbale „Gefahr" zu reagieren.

In diesem Fall würde ich vermuten, dass die Frau generell eher mit Angriff auf ihren Mann reagiert, um dann zu flüchten (wie hier mit dem Auto). Er hingegen kontert mit einem

Angriff, um dann aus dem Kontakt zu gehen und sich tot zu stellen (also nicht mehr zu reden).

Um ein Bewusstsein dafür zu schaffen, dass jeder Mensch anders auf gefühlte Bedrohungen reagiert, spreche ich das, was mir im Coaching auffällt, sofort an. Meistens kommen wir dann gut darüber ins Gespräch, wie unterschiedlich Muster gelebt werden. Und nicht nur das. Auch über die nun folgenden Beobachtungen spreche ich mit Paaren. Ich möchte dich ein Stück mitnehmen in die Welt der Geschlechtsunterschiede. Bist du bereit?

In meiner Arbeit mit Männern und Frauen beobachte ich immer wieder, dass eine große Unsicherheit bezüglich des eigenen Geschlechtes besteht. Die westliche Welt ist geprägt von der Toleranz gegenüber allen unterschiedlichen Geschlechtern. Dabei werden aus meiner Sicht die wesentlichen faktischen Unterschiede zwischen Mann und Frau heute jedoch häufig ignoriert oder zu sehr eingeebnet.

Der MANN ist dankbar für Informationen darüber, wie eine FRAU tickt.

Ich möchte nicht falsch verstanden werden: Ich bin absolut dafür, zu respektieren, dass es viele Geschlechter gibt. Jeder Mensch ist einzigartig. Gleichzeitig arbeite ich am häufigsten mit Paaren, die sich als Mann und Frau verstehen.

Hier ist es mir wichtig, faktische Unterschiede zu akzeptieren und zu nutzen, damit die Kommunikation in der Partnerschaft frei wird von Konflikten, die allein aufgrund der hormonellen (biologischen) und damit auch der emotionalen Verschiedenheit entstehen.

Ich möchte hier nicht tiefer auf die wissenschaftlichen Erkenntnisse bezüglich der Unterschiede zwischen Mann und Frau eingehen. Daher beschränke ich mich auf die biologischen und emotionalen Gegebenheiten, die mir in meiner Praxis bei Männern und Frauen begegnen. Vielleicht hilft es dir, dich selbst und deine Frau besser zu verstehen, egal welchen Ursprung die unterschiedlichen Handlungsweisen, Denkweisen und emotionalen Reaktionen haben.

Ich mache häufig die Erfahrung, dass gerade der MANN mit seinem lösungsorientierten Verstand dankbar ist für Informationen darüber, wie eine FRAU tickt. Es ermöglicht ihm, neue Handlungsperspektiven zu entdecken und Stellschrauben für ein harmonisches Zuhause und eine glückliche Partnerschaft zu finden.

Was unterscheidet also Mann und Frau faktisch und worin zeigen sich die Unterschiede im Zusammensein? Ich drücke mich da gern ein wenig bildlicher aus, um ein Verständnis zu erzeugen.

Die Frau, die dem Menstruationszyklus unterliegt, Kinder austrägt und auf die Welt bringt und dem Mann quasi die Tür öffnen darf, um ihn hineinzulassen in ihr Reich, ist von ihrer Natur her das Pendant zum Mann. Die Frau spricht körperlich ein „Herzlich willkommen" aus und gewährt Einlass. Der Mann tritt ein und ergießt sich voller Freude in ihr, während sie seinen Aufenthalt in sich genießt. Sie empfängt, er tritt ein und erschafft. Die Urkraft des Empfangens liegt in der Frau. Die Urkraft des Erschaffens im Mann. Im Kapitel zum Thema Sexualität werde ich noch näher darauf eingehen.

Nun haben Frauen in der westlichen Welt heute ihre eigenen Visionen, ihr Business oder ihre Jobs genau wie Männer. Dennoch unterscheiden sie sich in der Emotionalität, in der Kommunikation, im Konfliktverhalten und in ihrem Anspruch an sich selbst, wenn es um Beziehungen und die Gründung einer Familie geht.

Außerdem finde ich nach wie vor in Gesprächen mit der überwiegenden Zahl von Männern, dass sie sich verantwortlich fühlen, Frau und Kinder zu beschützen, die Familie durch Werte und Achtung, Wertschätzung und Klarheit zu führen und einen wesentlichen Teil dazu beizutragen, dass finanzielle Sicherheit gegeben ist.

Auch wenn sich Mann und Frau in der westlichen Welt mit ihrem Tun sehr angleichen, beide für die Familie sorgen, Aufgaben teilen, Elternzeiten nehmen, die Kinder versorgen, den Haushalt aufteilen, gemeinsam kochen und so weiter, erzählen mir viele Männer, sie fühlten sich dadurch verunsichert, dass ihre Rolle nicht mehr so klar definiert ist, wie es früher der Fall war. Genauso ergeht es Frauen, die im Beruf stehen, gemeinsam mit ihrem Partner das Haus oder die Wohnung finanzieren, eine Familie planen oder schon Kinder haben. Die typisch männliche Energie des Voranschreitens, Erschaffens und Versorgens ist heute auch für Frauen wichtig und notwendig. Allerdings höre ich von vielen Frauen, mit denen ich arbeite, dass sie sich oft so fühlen, als sei es gegen ihre eigene Natur, was sie den ganzen Tag tun und erschaffen müssen. Sie sehnen sich danach, versorgt zu sein, beschützt zu werden und Halt zu erfahren. Immer mit dem Wissen, dass sie es auch allein können. Sie wollen es aber nicht ständig allein tun.

Es herrscht aus meiner Sicht eine tiefe Verunsicherung zwischen den Geschlechtern, die jedes Paar auffordert, sich auf einen eigenen Weg zu machen, um herauszufinden, wie Partnerschaft gelingen kann und Familienleben möglich ist.

Ich stoße hier auf Paare, die im Hamsterrad von Verpflichtungen gefangen sind. Neben den finanziellen Sorgen durch Miete oder Kredite für ein Haus, geht es auch oft darum, zu zweit zu arbeiten. Die Kinder wollen zu Schule, Kindergarten, Sportveranstaltung, Musikschule und so weiter gefahren werden. Oder sie möchten zu Freundinnen oder Freunden gebracht und wieder abgeholt werden. Dabei ist der Beruf oft schon anstrengend genug. Die Partnerschaft, die eigentlich dazu dienen könnte, Energie zu tanken, Kraft zu sammeln und Freude zu erleben, verläuft angespannt und ist oft enttäuschend. Im Streit entlädt sich bei vielen Paaren der Druck der Verpflichtungen. Weil beide oft keine guten Vorbilder hatten, wie Kommunikation durch Verständnis und Mitgefühl gelingen kann, führt dies zu einem Kreislauf aus Anschuldigung, Missverständnis und Ohnmacht, aus Angriff, Rückzug und Rechtfertigung.

Die alten evolutionären Reaktionsmuster auf Gefahr werden aktiviert in Form von Angriff, Flucht oder Totstellen. So landen Paare in gegenseitigen Vorwürfen und lauten Auseinandersetzungen, in Schweigen, das über Tage andauern kann, oder darin, dass so getan wird, als wäre nichts gewesen (alles wird unter den Teppich gekehrt), nur damit es irgendwie weitergehen kann. Was allen Taktiken zugrunde liegt, ist oft das fehlende Wissen darüber, wie unterschiedlich Mann und Frau aufgrund ihrer emotionalen Verschiedenheit reagieren.

Lieber Mann, der du dies hier liest: Ich möchte dich ermuntern, deine Frau als zartes weibliches Wesen zu betrachten (auch wenn sie meint, ihren Mann stehen zu müssen). Deine Frau ist aufgrund von hormonellen Schwankungen emotional immer wieder anders beschaffen, sodass es dich braucht, als emotional stabileren Part in eurer Partnerschaft, der sich nicht umwerfen lässt von ihrer Emotionalität.

Sie braucht dich, um sich zu sammeln, um auszudrücken, was gerade in ihr los ist (auch wenn sie es oft selbst nicht weiß). Am allermeisten nützt es ihr, wenn DU als MANN bei ihrem emotionalen Ausbruch tief durchatmest, NICHT reagierst und aufmerksam, neugierig und präsent bist. Du musst jetzt gerade nichts anderes tun, als da zu sein. Und wenn du dich selbst so weit fokussiert hast und nicht reagieren musst, dann frage sie: „Schatz, kann ich jetzt etwas für dich tun? Soll ich dich vielleicht in den Arm nehmen?"

Du musst jetzt gerade nichts anderes tun, als da zu sein.

Falls sie schreit: „Nein, bloß nicht, geh lieber weg!", sag ihr: „Ich bin hier. Ich nehme dich gern in den Arm und halte dich."

Wenn sie das Angebot noch nicht annehmen kann, sag ihr liebevoll, dass sie es sich gern überlegen kann, denn du bist da für sie.

Was du damit tust, möchte ich dir kurz erklären.

Frauen sind emotional flexibler als Männer (auch wenn sie es nicht gern hören) und wissen oft nicht, was bei all ihrem Erlebten gerade wirklich los ist in ihnen. Das ist auch nicht weiter tragisch, weil sie in so einem emotionalen Moment nichts anderes brauchen als den MANN, der einfach da ist und sich nicht beeindrucken lässt von ihren Emotionen. So schnell, wie sie gekommen sind, verfliegen die Emotionen nämlich auch wieder.

Für dich als Mann kann es sehr schwer sein, hier nicht einzubrechen und nicht selbst überwältigt zu werden von den Gefühlen der Frau. Die allermeisten Männer neigen dazu, ihr jetzt zu erklären, dass das doch alles nicht so schlimm ist, und kommen ihr mit Vorschlägen und Lösungsstrategien. Im schlimmsten Fall erheben sie den Vorwurf, dass sie „wieder so ein Drama macht". Und das ist nicht nötig.

FRAU braucht in diesen emotionalen Momenten gar nichts anderes als jemanden, der es ihr ermöglicht, wieder Halt zu finden, also gehalten zu werden.

„Schatz, alles, was du fühlst, ist okay, ich halte dich." So oder so ähnlich könnte es klingen, wenn du mit ihr sprichst.

Sei mild zu dir. Atme tief durch und zähle bis drei.

Du wirst ein Wunder erleben und eure Verbundenheit wird sich vertiefen. Und bitte sei nicht so hart zu dir, wenn es dir nicht gelingt, die nötige Souveränität und Ruhe auszustrahlen, die es braucht, um FRAU zu beruhigen. Vielleicht triggert sie dich oder erinnert dich an deine dramatische Mutter oder an irgendetwas aus deiner Geschichte. Sei mild zu dir. Atme tief durch, zähle bis drei, beruhige dich von deinem Trigger und sei präsent für sie. Je häufiger es dir gelingt, umso mehr Vertrauen wird deine Frau darin finden. Es braucht überhaupt kein emotionales Drama, und wenn du aussteigst, gibt es keines. Gehe in Führung, wenn sie gerade „lost" ist.

Übe dich einfach darin. Du wirst merken, wie sie Vertrauen

darin fasst, wenn du immer sicherer wirst, und wie gut es euch beiden tut.

FRAUEN brauchen nicht viel, nur das Richtige.

Wenn der Unterschied der hormonell bedingten emotionalen Stimmungslage von FRAU Beachtung findet, werdet ihr euch in eurer männlichen und weiblichen Kraft ganz natürlich ergänzen. Ihr seid beide richtig, wie ihr seid. Wenn ihr euch darin sehen und anerkennen könnt, wird es leicht.

FRAUEN brauchen nicht viel, nur das Richtige. Und nun möchte ich dir noch kurz aufzeigen, wie es ausgesehen hätte, wenn der Mann im Dialog zu Anfang dieses Kapitels in Führung gegangen wäre.

Sie: „Wir streiten nur noch. Er versteht mich überhaupt nicht, hört mir nicht zu, lässt mich nicht ausreden und sieht nicht, was ich alles tue für ihn und die Kinder. Ich weine viel und kann nicht mehr, und wenn ich meine Tage habe, ist es besonders schlimm."

Er: „Gut, Schatz, dass du das sagst. Ich habe nicht gewusst, dass es so schlimm ist für dich. Es ist wahr, mir fällt es wirklich schwer, mit deinen wechselnden Emotionen umzugehen. Ich verstehe dich auch oft nicht, weil ich das von mir nicht kenne. Und ich sehe, was du für mich und die Kinder tust. Ich sage es dir viel zu selten. Was brauchst du von mir, wenn du deine Tage hast?"

So oder so ähnlich kann ein Dialog aussehen, der FRAU erreicht, der sie aufatmen und wieder in Verbindung gehen lässt. Das gelingt vielleicht nicht sofort, doch am Ende dieses Buches wird die Wahrscheinlichkeit gestiegen sein, das du die Disziplin aufbringst, anders zu denken, die Verantwortung für deine Gefühle zu übernehmen und neu zu handeln.

Du wirst in den folgenden Kapiteln dieses Buchs noch einige Werkzeuge erhalten, um mit ehrlicher Klarheit deine Partnerschaft zu führen. Denn das, was aus meiner Sicht nicht genügend Beachtung findet, sind all die Möglichkeiten, die sich eröffnen, wenn Männer und Frauen mit ihren ureigensten Fähigkeiten gemeinsam Projekte wie Kinder, Business und Zukunft gestalten.

Dann darf sich das bisherige Problem der „Andersartigkeit" in das gemeinsame Potential der Partnerschaft verwandeln. Empfangen und Erschaffen gehören zusammen. Warum sollte nicht jeder den Beitrag leisten, der am besten der eigenen Natur entspricht und dadurch am leichtesten fällt?

Zusammenfassend möchte ich dir ans Herz legen:

1. Schätze eure Unterschiedlichkeit und nutze sie gemeinsam mit deiner Frau, statt sie zu bekämpfen.

2. Sei präsent, wenn sie „lost" ist. Spüre, wie gut es dir tut, der starke Mann an ihrer Seite zu sein.

3. Bleib hartnäckig liebevoll, indem du ihr anbietest, sie zu halten, wenn sie emotional im Drama ist – auch wenn sie es gewohnt ist, ihren Mann zu stehen.

4. Gefühle sind immer okay, auch deine Ohnmacht, wenn du deine Frau gerade nicht verstehst.

5. Emotionen sind bei Frauen vorrübergehend und sehr schwankend. Sei du in dem Moment der stabile, klare Part.

6. Kommuniziere dein Nichtwissen. „Sorry, Schatz, ich verstehe gerade nicht, was los ist. Kann ich irgendetwas tun?"

Wenn du gerade einwenden möchtest, dass auch Frauen männliche Anteile und Männer weibliche Anteile in sich tragen, dann stimme ich dir absolut zu. Bei manchen Paaren sind Männer emotionaler und Frauen lösungsorientierter. Ich kann dir versprechen, dass ich darauf noch zurückkommen werde. Spätestens, wenn es um die Abturner in der Sexualität geht.

2. Willst du recht haben oder ein Wunder erleben, wenn du ihr zuhörst?

Hysterisch schreit sie ihren Mann an, mitten im Garten. Es gibt kein Halten mehr. Er brüllt so laut zurück, dass die Nachbarn von links aufgeschreckt herüberschauen. Der ältere Herr rechts schüttelt verständnislos den Kopf.

Von drinnen rufen die Kinder, dringen allerdings nicht zu ihren Eltern durch.

Erschrocken über sich selbst stürmt sie ins Haus, während er ihr folgt und die Tür hinter sich zuschlägt. Drinnen geht es weiter: „Du hörst mir nicht zu!" – Sie ist außer sich. „Du willst dir ja nichts sagen lassen!", faucht er.

„Dein Problem ist, dass du einfach nicht das tust, was ich dir die ganze Zeit vorschlage. Dann hätten wir das Problem nicht", fügt er noch hinzu.

Der achtjährige Sohn, der verängstigt dem Geschehen folgt, ruft: „Ihr sollt aufhören zu streiten!" Er hält seinen fünfjährigen Bruder im Arm und tröstet ihn.

„Warum müsst ihr euch immer streiten? Könnt ihr euch nicht vertragen?" Aufgelöst schaut er seine Eltern an, die jetzt angespannt neben der Küchenzeile stehen.

Während sein Vater noch wütend vor sich hin brummelt, hat seine Mutter sich langsam wieder gefangen. Nun fühlt sie sich beschämt. Schon wieder haben sie vor den Kindern gestritten.

„Du hast ja recht", antwortet sie ihrem Sohn. „Es ist unfair, so zu streiten. Es tut mir leid. Wir hören jetzt auf damit."

Langsam entspannt sich die Atmosphäre ein wenig. Er flüchtet, noch sichtlich angespannt, hinaus in den Garten. Im Augenwinkel sieht er die Nachbarn von links, die immer noch beunruhigt wirken und leise tuscheln.

„Das hat ja wieder gut geklappt", denkt er wütend. „Warum ist sie bloß so zickig?" Beschämt holt er den Rasenmäher aus der Gartenhütte und macht ihn an, als müsse der Lärm die innere Unruhe übertönen. Noch immer ist er verärgert über den Streit, über sich selbst und natürlich über seine Frau. Versunken in seine Gedanken schiebt er den Mäher Reihe für Reihe über den Rasen, bis der Korb voll ist und der Motor brummt. Als er genervt am Mäher zerrt und gleichzeitig versucht, ihn mit der Fußspitze anzuheben, rasieren die Messer die Spitze seines Schuhs. Erst schreit er vor Schreck, dann vor Schmerz. Fluchend schiebt er das Gerät beiseite und widmet sich dem zerstörten Schuh, um seinen Fuß zu inspizieren. Von den Schreien alarmiert kommt seine Frau herausgestürmt und schaut sich den demolierten Schuh und den verletzten großen Zeh an, der ziemlich stark blutet. Nach einem kurzen Check stellt sie erleichtert und versöhnlich fest: „Da hast du noch mal Glück gehabt. Ich hole den Verbandskasten."

„Jetzt reicht es mir mit meiner kurzen Zündschnur."

„Jetzt reicht es mir mit meiner kurzen Zündschnur. Wir brauchen Hilfe", platzt es aus ihm heraus, als sie wieder zurück ist.

„Ja, bevor Schlimmeres passiert", erwidert sie.

Drei Wochen später:

Bereits auf den ersten Blick wirken beide genervt. Die Anspannung ist im ganzen Raum zu spüren. Die Fahrt zu mir in die Praxis scheint schon zu Streit geführt zu haben.

Ich atme tief durch und begrüße das Paar, das gerade in den bequemen Ohrensesseln Platz genommen hat.

Dann frage ich: „Ist etwas passiert auf der Fahrt hierher?"

Die beiden schauen einander gestresst an, bevor sie resigniert erklärt:

„Im Grunde ist es immer das Gleiche. Ich erzähle ihm, dass es so stressig war, nach der Arbeit erst einzukaufen, dann Essen zu kochen und die Kinder schließlich zur Oma zu bringen, damit wir jetzt hier sitzen können. Und danach erklärt er mir, dass ich ja gestern hätte einkaufen und kochen können, um heute weniger Arbeit zu haben. Ich kann sagen, was ich will, er weiß es immer besser. Er versteht nicht, was ich alles tun musste, damit wir diesen gemeinsamen Termin wahrnehmen können."

Ich schaue neugierig zu ihm hinüber und frage: „Und wie ist das aus Ihrer Sicht?"

„Sie nimmt meine Ratschläge einfach nicht an."

Daraufhin antwortet er: „Na ja, ich sehe das eben genauso. Sie nimmt meine Ratschläge nicht an, macht sich zusätzliche Arbeit und könnte sich einen Teil des Stresses sparen, wenn sie es anders organisieren würde."

Meine Antwort darauf lautet: „Ja, bestimmt wäre das eine Möglichkeit gewesen. Ich glaube aber, dass unter jedem oberflächlichen Streit immer etwas anderes liegt. Haben Sie Lust auf ein Experiment?"

Beide schauen mich neugierig an. „Ja", antwortet er. So bitte ich ihn um einen Rollentausch.

Nachdem ich ihn aufgefordert habe, auf den Sessel seiner Frau zu wechseln, setzt sie sich auf meinen Stuhl. Ich begebe mich in seine Rolle und nehme in dem Sessel Platz, der gerade noch von ihm belegt war.

Dann sage ich zu ihm: „Bitte nehmen Sie die Rolle Ihrer Frau ein und versuchen Sie, sich den Dialog von vorhin in Erinnerung zu rufen. Sprechen Sie nun in der Rolle Ihrer Frau. Ich reagiere dann als deren Mann, nehme also Ihre bisherige Position ein."

Wir haben also alle unsere Plätze gewechselt und das Rollenspiel kann beginnen.

ER spricht als seine FRAU: „Du weißt gar nicht, wie stressig es war, hierherzukommen. Ich habe nach der Arbeit eingekauft, das Essen gekocht und dann noch die Kinder zur Oma gebracht. Ich bin total kaputt und mache das alles für uns."

Nun antworte ICH als ihr MANN: „Schatz, wow, danke, dass du all das gemacht hast, damit wir hierherkommen konnten. Es ist schon bewundernswert, wie du das alles hinbekommst. Das hört sich wirklich stressig an."

Es entsteht eine kurze verwunderte Pause. Ich frage den Mann in seiner Rolle als FRAU: „Wie fühlt es sich an, mit mir als Mann?" Ich grinse.

Er antwortet erstaunt: „Gut."

„Mehr braucht FRAU nicht, oder?", frage ich seine Frau, die

ein wenig amüsiert dem Dialog gefolgt ist. Sie wirkt nachdenklich und nickt zustimmend.

Was ich dem Paar dann erkläre, möchte ich hier auch mit dir teilen.

Die Besonderheiten der männlichen und weiblichen Kommunikation führen häufig zu Missverständnissen. Ich erlebe Frauen in ihrer Kommunikation so, dass sie Probleme lösen, indem sie mit anderen darüber reden. Sie sprechen aus, was ihnen auf dem Herzen liegt, um dann im selben Atemzug zu erkennen, wie sie den Konflikt aus dem Weg räumen können. Manchmal geht es auch nur darum, sich selbst zuzuhören und wertzuschätzen. Der Austausch mit Freundinnen, denen es ähnlich geht, ist für Frauen deshalb so hilfreich, weil dieser oft zur eigenen Lösung führt.

> **Die Frau braucht es, erklären zu dürfen, was sie erlebt hat, was sie fühlt und was ihr gerade Sorgen bereitet.**

Männer hingegen haben einen deutlichen Hang dazu, sofort eine Lösung für Konflikte zu suchen und diese zu benennen, um der Frau schnell helfen zu können. Sie waren mit ihrem männlichen Gehirn, evolutionär betrachtet, schon immer dazu aufgefordert, schnell Lösungen zu finden. Ähnlich wird es heute meist im Job gefordert. Instinktiv tun sie dies dann häufig auch in der Partnerschaft.

Der Mann fühlt sich gut, wenn er der Frau kurz und knapp erklären kann, was die Lösung eines Problems ist. Dies kann er mit seinem distanzierten Blick auf den Sachverhalt auch genau definieren.

Die Frau hingegen braucht es, erst einmal erklären zu dürfen, was sie erlebt hat, was sie fühlt und was ihr gerade

Sorgen bereitet. Dadurch versteht sie sich selbst besser und stellt eine Verbindung zum Mann her. So fühlt sie sich mit der Situation nicht allein. Ein Mann, der das Problem durch schnelle Lösungsvorschläge klären möchte, wirkt auf die Frau oft besserwisserisch und erzeugt ein Gefühl der Bevormundung.

Sie fühlt sich nicht gesehen, gleichzeitig unverbunden und unverstanden. Das Paar oben im Beispiel hat deshalb aneinander vorbeigeredet. Der Mann präsentierte die Lösung, als die Frau Verständnis und Mitgefühl gebraucht hätte.

Was aber ist nun die Lösung?

Meine Erfahrung zeigt Folgendes:

1. Frauen brauchen das Zuhören (Lauschen) komplett OHNE Lösungen.

2. Wenn FRAU zugehört wird, fühlt sie sich verbunden, ernst genommen und verstanden, ohne dass der Mann reden muss.

3. FRAU findet ihre eigenen Lösungen, wenn ihr zugehört wird.

4. FRAU möchte gesehen werden mit ihrem Tun, genau wie MANN.

5. Wenn FRAU ein emotionales Verständnis und Empathie spürt, ist sie auch bereit, ihrem Mann zuzuhören.

6. Wenn FRAU dann auch noch gefragt wird: „Möchtest du vielleicht meine Idee dazu hören?", dann ist sie offen und

hat die Wahl zu sagen: „Nein danke, Schatz, ich wollte dir nur davon erzählen. Danke für dein Zuhören." Oder sie sagt: „ Oh ja, jetzt gern."

Das Problem ist häufig der evolutionär bedingte Drang der Männer zur schnellen Lösung. Wenn das wilde Tier die Höhle der Familie bedrohte, musste eine Lösung her, und zwar sofort. Doch heute stirbt fast nie jemand, wenn es keine direkte Lösung gibt. Und wenn es mal wirklich gefährlich wird, sind wir alle mit einem instinktiven System der sofortigen Reaktion und Gefahrenabwehr ausgerüstet.

Männer in meiner Beratung sprechen oft davon, wie viel Disziplin es ihnen abverlangt, KEINE Lösungen zu präsentieren. Und sie erkennen, dass allein das Wissen um diese Dynamik schon Entspannung bringt. Denn einen Instinkt zu unterdrücken, der über Jahrtausende die Evolution bestimmt hat, gelingt natürlich nicht sofort und vor allem nicht immer. Da braucht es Geduld und Milde mit sich selbst.

Eine Auseinandersetzung trägt immer den Wunsch nach einem friedvollen, liebevollen Miteinander in sich.

Eine Sache ist mir noch wichtig zu benennen: Es gibt nicht nur Männer, die Lösungen präsentieren, sondern auch viele Frauen, die dies für ihre Kinder und ihre Männer tun. Das beobachte ich in Partnerschaften, in denen die Frau viele männliche Anteile in sich trägt (weil sie immer schon „ihren Mann stehen" musste) und der Mann sehr viele weibliche hat. Hier gilt das Gleiche dann für die Frau: Es ist schön, den Kindern und dem Mann zu lauschen, ihnen Fragen zu stellen und in Verbindung zu gehen.

Jeder Konflikt kann beide Partner daran erinnern, sich gegenseitig aussprechen zu lassen. Eine Auseinandersetzung trägt immer den Wunsch nach einem friedvollen, liebevollen Miteinander in sich.

Und in den allermeisten Fällen – wie auch in dem Beispiel meines Paares in diesem Kapitel – geht es nicht um das, was gesagt wird, sondern um das Thema dahinter.

Hier ist es das Bedürfnis der Frau, einen Mann zu haben, der ihre Anstrengungen sieht und sie vielleicht fragt, ob sie in den Arm genommen werde möchte. Sie möchte sich entspannen dürfen und das Gefühl erleben, geliebt zu sein.

Frauen sind nicht kompliziert. Im Grunde ist es sehr einfach mit FRAU, wenn es das Richtige ist. Und wenn du es schaffst zu lauschen, ist sie so verbunden, dass sie wahrscheinlich als Nächstes fragt: „Und wie war dein Tag, Schatz?"

II.
ALLES ÜBER VERTRAUEN UND MISSTRAUEN

3. Wenn du dein Versprechen brichst, bist du verantwortlich für ihre Enttäuschung

Sie steht vor dem Spiegel. „Jetzt noch der Lippenstift und fertig ist das Gesamtkunstwerk", denkt sie stolz, während sie das knallige Rot auf die Lippen bringt. Tief durchatmen, ein letzter Blick und nun in die Küche zu den Kindern.

„Mama, du siehst heute schön aus", sagt die Fünfjährige. Sie freut sich auch darauf, dass Papa gleich kommt, um ihr vorzulesen.

Währenddessen eilt er aus dem Büro. Da er weiß, dass es schon sehr spät ist, sprintet er über den Firmenparkplatz zu seinem Auto. Tür auf, reinspringen, Motor anstellen, noch eben auf die Uhr schauen. „Oh Scheiße, schon so spät! Eigentlich wollte ich längst da sein. Mist. Jetzt noch schnell eine Nachricht." Nervös tippt er die Nachricht ein, schickt sie bei laufendem Motor ab und fährt los.

„Darf ich deinen Lippenstift benutzen?", kommt die drängende Frage aus dem Badezimmer im Einfamilienhaus der Familie. Die Elfjährige, die jetzt vor dem Spiegel steht, wartet auf eine Antwort.

„Na klar", kommentiert die Mutter diese Bitte mit einer gewissen Vorfreude auf den Abend mit ihrer Freundin. Sie wollen ins Theater gehen. Endlich haben sie einmal frühzeitig Karten ergattert.

„Wann kommt denn Anja?", dringt eine nuschelige Stimme

aus dem Badezimmer, während der Lippenstift gerade über die Lippen der Tochter fährt.

„Ich denke, sie ist in fünf Minuten hier. Dann müsste Papa auch da sein", antwortet die Mutter. Während sie nervös auf die Uhr schaut, erinnert sie sich, dass er eigentlich versprochen hatte, etwas früher zu kommen, damit sie in Ruhe aufbrechen kann. Gerade noch voller Freude, machen sich nun Unruhe und ein leiser Zorn in ihr breit.

Ein Blick auf das Handy, ein anderer auf das Festnetztelefon. Alles ist ruhig, keine Nachricht. Kurzes Durchatmen, bis erneut dieses ängstliche, ungute Gefühl in ihr hochsteigt.

„Da kommt ein Auto!", ruft die Kleine, die sich am Fenster positioniert hat, um nicht zu verpassen, wenn Papa kommt. Kurz erleichtert, dann wieder angespannt nach einem Blick nach draußen, erkennt sie Anjas Auto. Ihr Stresspegel beginnt zu steigen.

Auf dem Handy macht es „Piiing!". Sie rennt hin. Zeitgleich stürmt die Große jetzt aus dem Badezimmer, um die Haustür zu öffnen, weil es dort geläutet hat.

Während sie Anjas Stimme an der Tür hört, liest sie die Nachricht auf dem Handy.

„Schatz, sorry, schaffe es nicht pünktlich. Musste noch einen Call machen. Fahre jetzt los, bin in 30 Minuten da." Dort steht es wieder: Er kommt nicht pünktlich.

Während er den schnellsten Weg wählt und natürlich gerade heute den LKW mit 70 km/h vor sich hat, obwohl er 100 km/h fahren darf, schimpft er laut vor sich hin und verflucht das letzte Telefongespräch, das wieder einmal kurz vor Feierabend hereinkommen musste. „Immer dieser verdammte Stress", murmelt er. „Wie soll ich es bloß allen recht machen?"

Gut, dass bei ihm zuhause gerade Anja hereinkommt und den Schwall an Verzweiflung und Anspannung seiner Frau auffangen kann. Diese schmeißt sich heulend in die Arme ihrer Freundin, während die beiden Mädchen erschrocken zusammenzucken. Sie haben keinen Schimmer, was gerade geschehen ist.

„Papa kommt später", sagt die Mutter schluchzend und klingt verzweifelt. Alle merken, dass die Tatsache der Verspätung allein nicht ihre dramatische Reaktion erklärt.

> **Alle merken, dass die Tatsache der Verspätung allein nicht ihre dramatische Reaktion erklärt.**

„Was machen wir denn jetzt?", fragt sie ihre Freundin Anja aufgelöst. „Ich kann die Mädchen doch nicht allein lassen. Er ist in 30 Minuten da, sagt er. Und ich weiß nicht, ob das stimmt. Langsam glaube ich ihm gar nichts mehr. Ich habe mich so auf diesen Abend gefreut, und immer geht es so, dass ich bis zum Schluss nicht weiß, ob er es schafft."

Während ihr die Tränen übers Gesicht laufen, ahnt er nichts von ihrem Ausbruch und versucht das Auto schnellstmöglich durch den Feierabendverkehr zu bringen. Er weiß schon jetzt, dass es wieder endlose Diskussionen geben wird, weil er mit der Pünktlichkeit Probleme hat. Es kommt ihm eben immer etwas dazwischen, was dann verhindert, dass er es pünktlich schafft. Die Arbeit ist ihm eben auch wichtig.

Während er noch im Auto in Gedanken versunken ist, entscheidet seine Frau nach Absprache mit den Kindern, mit

Anja loszufahren. Das ungute Gefühl im Magen trübt die Stimmung. Doch im Gespräch mit ihrer Freundin beruhigt sie sich wieder und fasst den Entschluss: „Jetzt reicht es. Das mache ich nicht mehr mit. Das lasse ich mir nicht mehr gefallen. Wir brauchen Beratung. Und er muss mitkommen."

Zuhause angekommen sieht er die beiden Mädchen am Fenster warten. Er ist erleichtert, nun für sie da sein zu können, hat aber auch ein schlechtes Gewissen. Die Große erzählt ihm, wie verzweifelt die Mama kurz zuvor noch gewesen ist. Und während er sich bei seinen Töchtern für die Verspätung entschuldigt, fühlt er sich verantwortlich für die Disharmonie im eigenen Zuhause.

Deshalb fällt es ihm am nächsten Morgen nicht schwer, sich auf den Entschluss seiner Frau einzulassen und zuzustimmen, gemeinsam einen Beratungstermin zu vereinbaren.

Drei Wochen später:

Völlig abgehetzt mit 10 Minuten Verspätung nehmen beide Platz. Während ich auf das Paar gewartet hatte, bekam ich von ihr die Nachricht auf mein Handy, dass sie sich wahrscheinlich verspäten würden.

Nun sitzen wir voreinander und ich frage: „Was ist passiert?"

Er antwortet als Erstes: „Ich habe es nicht pünktlich aus der Firma geschafft, mein letzter Kunde hat mich aufgehalten. Ich musste meiner Frau schreiben, dass ich später komme, sie dann direkt abholen und hierherfahren. Das war alles ein wenig knapp." Verlegen schaut er seine Frau an, die sichtlich genervt der Schilderung folgt.

„Wie sieht es denn aus Ihrer Sicht aus?", frage ich seine Frau.

„Im Grunde ist es immer das Gleiche. Ständig gibt es etwas Wichtigeres als unsere Termine und wir kommen fast überall zu spät, weil er die Zeit nicht richtig einschätzt. Und er hat jedes Mal versprochen, diesmal pünktlich zu sein. Ich bekomme Stress, weil ich es unmöglich finde, Menschen warten zu lassen. Ich kann mich nicht auf ihn verlassen. Vor drei Wochen hatte ich einen freien Abend, wollte mit meiner Freundin ins Theater und er kam nicht pünktlich, um unsere Kinder ins Bett zu bringen. Wichtig scheine ich ihm nicht zu sei. Vertrauen kann ich ihm auch nicht."

„Natürlich kannst du mir vertrauen", wendet er ein. „Ich bemühe mich ja schon und bin selbst so im Stress. Wie soll ich es gleichzeitig dem Chef und dir recht machen? Das ist für mich unmöglich. Und du bist mir wichtig."

„Vielleicht können wir über das Thema Vertrauen sprechen", interveniere ich. „Dazu hätte ich aus meiner Sicht einiges zu sagen. Was denken Sie dazu?"

> **„Natürlich kannst du mir vertrauen."**

Während die Frau direkt zustimmt, schaut er ein wenig irritiert und fühlt sich anscheinend unter Beschuss. Ich beruhige ihn, indem ich Folgendes erkläre, was ich nun auch mit dir, lieber Leser, teilen möchte:

Wenn ich mit Paaren in meiner Praxis arbeite, sprechen Frauen häufig schon ganz zu Anfang das Thema „Vertrauen" an. Manchmal ergibt es sich auch so wie bei diesem Paar. Männer dagegen starten fast nie mit diesem Thema in ein Paargespräch. Bei ihnen ist es oft „die Sexualität", die auf der Themenliste ganz oben steht.

Frauen stellen dann häufig die Frage: „Wie kann ich meinem Mann bloß mehr vertrauen? Er wirft mir immer vor, dass ich ihm einfach nicht vertraue." Viele Frauen sind verzweifelt, weil sie wirklich vertrauen wollen und nicht wissen, wie das gehen kann, ohne ständig enttäuscht zu werden.

Ich unterscheide dann im Gespräch mit dem Paar zwischen naivem und echtem Vertrauen. Um Vertrauen aufzubauen, bedarf es eines gemeinsamen Wegs, auf dem immer wieder Erfahrungen gemacht werden, die das Vertrauen nähren. Gibt es zu wenige solcher Erfahrungen, wird Vertrauen abgebaut.

An dem Paar aus meiner Praxis möchte ich verdeutlichen, was ich damit meine.

Der Mann sagt also am Morgen, dass er passend um 19 Uhr zuhause sein wird, um die Kinder ins Bett zu bringen. Wenn er nun in der Vergangenheit in neun von zehn Fällen um 19 Uhr zuhause war, also tat, was er angekündigt hatte, kann die Frau in diesem Fall darauf vertrauen, dass er auch diesmal pünktlich zuhause sein wird. Schließlich hat er ihr bereits bewiesen, dass er sein Wort hält, also zu 90 Prozent tut, was er verspricht.

Ist der Mann neun von zehn Mal zu spät und schafft es nicht, die Kinder ins Bett zu bringen, kann die Frau damit rechnen, dass er an diesem Tag sein Versprechen, um 19 Uhr zuhause zu sein, auch nicht einlösen wird.

Wenn sie sich dann wegen ihres fehlenden Vertrauens selbst geißelt, erkläre ich, dass es in einem solchen Fall naiv wäre zu vertrauen. Und wenn der Mann erwartet, dass die Frau ihm Vertrauen schenken soll, obwohl er sein Versprechen so oft nicht gehalten hat, ist das anmaßend. Es wäre unlogisch, als Frau darauf zu vertrauen, dass der Mann eine Ausnahme macht und pünktlich ist. Es entspricht nicht den Fakten ihrer Erfahrungen mit ihm. Somit kann sie zwar hoffen, dass es dieses Mal klappen wird, aber nicht darauf vertrauen. Das ist dann die Realität. Hier benötigt es eine andere Klärung als den Vorwurf des fehlenden Vertrauens. Dies gilt natürlich ebenso, wenn die Frau etwas verspricht, was sie die meiste Zeit nicht einhält. Vertrauen ist somit unmittelbar an die tägliche Erfahrung mit dem Partner oder der Partnerin gebunden. Um herauszufinden, ob jemand Vertrauen verdient, ist die Prüfung der Fakten notwendig.

Anders ist es mit dem sogenannten „Vorschussvertrauen" am Anfang einer Partnerschaft. Hier gibt es noch keine Erfahrungen mit dem neuen Partner oder der neuen Partnerin, somit auch keine Fakten, auf die man sich beziehen kann. Da wird dann meistens unbewusst auf „alte" Erfahrungen aus anderen Beziehungen zurückgegriffen, was sich allerdings sehr häufig als tragischer Irrtum herausstellt. Dazu werde ich beim Thema Kindheit und Trauma mehr erklären.

Jetzt zurück zu dir und zu meinem Paar am Beginn dieses Kapitels.

Eine Lösung könnte es sein, dass das Paar überlegt – oder auch du gemeinsam mit deiner Frau überlegst –, was genau dazu führt, dass Versprechen und Absprachen nicht eingehalten werden. Vielleicht braucht es andere Zeitvorgaben oder mehr Unterstützung durch Babysitter, Oma und Co. Oder auch mehr gemeinsame Zeiten, um besser zu besprechen, was sich jeder vom anderen wünscht und was das jeweilige Bedürfnis ist. Entspannung zieht in den Alltag ein, wenn sich beide bewusst machen, dass weder der eine noch die andere absichtlich verletzen möchte.

Vertrauen in den Partner oder die Partnerin ist unmittelbar damit verbunden, was von dem Gesagtem auch wirklich getan wird. Überlege deshalb gemeinsam mit ihr oder mit ihm, was ihr tatsächlich einhalten könnt. Lieber eine Zusage weniger geben, um die Zeit zu haben, die anderen versprochenen Dinge tatsächlich einzulösen.

Damit wären wir jetzt auch beim Thema JA- und NEIN-Sagen. Diese beiden Worte formen Vertrauen. Das mag sich irritierend anhören, aber nur zu Anfang.

Wenn du JA zu etwas sagst, von dem du schon jetzt weißt, dass du es nicht wirst einhalten können, säst du Vertrauensverlust. Werde dir bewusst, dass du nur JA sagst, weil du keine Lust hast auf ein enttäuschtes Gesicht, Widerstände, Diskussionen, Vorwürfe und Streit. Bleibe mit dir verbunden und überprüfe ehrlich dein JA.

Bleibe mit dir verbunden und überprüfe ehrlich dein JA.

Wenn du feststellst, dass das, was deine Frau gern möchte, nicht gelingen kann, weil du kein JA dazu hast, dann sage es ihr und nehme die Konsequenzen in Kauf. Damit schaffst du Vertrauen.

Wie das?

Ich nehme ein weiteres fiktives Beispiel, das du auf jegliche Situation im Alltag übertragen kannst.

Stelle dir vor, dass sie dich morgens fragt: „Schatz, heute Abend sind wir auf dem Geburtstag meiner Freundin eingeladen. Du kommst doch dieses Mal mit, oder? Beim letzten Mal warst du nicht dabei."

Wenn du jetzt überprüfst, ob sich ein intuitives JA oder ein NEIN deutlich zeigt, dann bist du ehrlich mit dir. Dabei ist es gerade für Männer wichtig, den Verstand und die rationalen Erklärungen nicht über das Gefühl zu stellen. Fühlst du ein JA oder ein NEIN?

Hast du ein NEIN, weil es sich schwer anfühlt in dir und du schon jetzt weißt, dass du am Abend lieber beim Krimi auf dem Sofa liegen möchtest und dich auf diesem Geburtstag langweilen würdest, dann formuliere es für sie so oder ähnlich:

„Sorry, Schatz, ich kann mir gerade gar nicht vorstellen, nach der Arbeit noch auf eine Feier zu gehen. Außerdem kann ich noch nicht sagen, wie lange ich heute zu tun habe. Bitte gehe ohne mich."

Damit ist in einem Satz ehrlich gesagt, was gerade in dir vor sich geht. Sie kann auf deine Ehrlichkeit vertrauen. Und selbst wenn sie es doof findet, dieses NEIN zu kassieren, weiß sie, dass du ehrlich zu ihr bist. Würdest du JA sagen und nur „ihr zuliebe" mitgehen, ist es …

1. ein Verrat an dir selbst und deiner Lebenszeit,

2. eine Verlagerung der Verantwortung auf sie („ihr zuliebe"),

3. was unehrlich ist, weil du „dir zuliebe" vielleicht vermeiden willst, dass sie traurig, wütend oder enttäuscht ist, und du dich ihrer Reaktion nicht stellen willst,

4. ein Abbau von Vertrauen, weil sie nie weiß, ob du es
    selbst möchtest oder es nur „ihr zuliebe" tust und ihr
    hinterher die Schuld für den schrecklichen Abend gibst.

Wenn du dennoch mitgehst, übernehme die vollständige
Verantwortung für dein Handeln, deine Entscheidung und
deine Gefühle. Dann hast du dich aktiv dazu entschlossen,
den Konsequenzen eines NEINs aus dem Weg zu gehen –
oder die Freude deiner Frau über das Mitkommen zu genießen. Auch das ist authentisches Handeln.

Natürlich gibt es zu jedem JA oder NEIN auch Zwischenlö-
sungen (gemeinsame Absprachen), die für beide eine bessere Lösung sind als das jeweils eine oder andere.

Mit dem Paar aus meiner Beratung versuche ich nach dem
theoretischen Diskurs, den ich wie hier im Buch auch mit ihnen geführt habe, nun eine gemeinsame Lösung zu finden.

Nach einer kurzen Zeit des Austausches und des Verständ-
nisses für beide Positionen kommt das Paar auf folgende
Ideen:

Der nächste Termin in meiner Praxis wird 15 Minuten später
beginnen. Er nimmt sich vor, Kunden, die kurz vor seinem
Abfahrtstermin eine Beratung wünschen, an einen Kollegen zu verweisen. Sie kann sich darauf einlassen, mit ihrem Auto zu fahren. So kann sie ihrem Wert „Pünktlichkeit"
entsprechen. Die Zeit, bis er dann da sein wird, wird sie mit
mir allein nutzen.

Die Situation mit dem Theaterbesuch lösen beide so, dass sie
vor dem nächsten Frauenabend ein Kindermädchen organi-

sieren. Beide möchten, dass ihr die Vorfreude erhalten bleibt und ihm der Druck genommen wird, pünktlich zu sein.

Die Lösungen entspannen beide und die nächste Zeit wird zeigen, ob und wie eine Umsetzung gelingt.

Vertrauen und Glaubwürdigkeit fußen auf Ehrlichkeit. Und Ehrlichkeit macht das Leben einfach, sehr einfach. Dazu werde ich später noch mehr sagen. Beim Thema Sexualität und Fremdgehen wirst du auch erfahren, wie echtes Vertrauen sogar nach einem Seitensprung wieder wachsen kann.

Am Ende dieses Kapitels muss ich dich nun noch auf etwas sehr Wichtiges hinweisen, was vielen Männern in meiner Praxis widerfährt. Es ist so bedeutsam, dass es auf die ein oder andere Art noch mehrmals seinen Platz in diesem Buch bekommen wird.

Vertraue bitte nicht darauf, dass deine Frau sich jedes Mal wieder beruhigt, nachdem sie erklärt hat, unglücklich mit dir zu sein – oder eine Paartherapie machen zu wollen. Hier wiegen sich Männer oft in trügerischer Sicherheit, weil sie die Erfahrung mit ihrer Frau machen, dass sie sich zwar beschwert, aber dennoch bleibt, auch wenn es mehr als schwierig ist.

Mein Praxisalltag zeigt mir etwas anderes: Während du als Mann glaubst, dass sie ja nicht handelt (sondern nur redet), und darauf vertraust, dass sie es nicht ernst meint, entwirft sie in ihrem Inneren bereits einen Plan B. Wenn Frauen wirklich ins Handeln kommen, also REDEN nicht mehr hilft, dann folgen sie ihrem Plan B und es ist für die Männer in den allermeisten Fällen zu spät.

Solltest du dieses lesen und es dir eiskalt den Rücken hinunterlaufen, dann erzähle ihr, dass du gerade ein Buch liest und den Ernst der Lage erkannt hast. Damit zeigst du ihr, dass du dir eine Chance wünschst und sie ihren Plan B auf Eis legen darf.

4. Nimmst du sie jetzt ernst oder möchtest du auf die gepackten Koffer warten?

Erschrocken wacht er mitten in der Nacht auf. Schweißnass versichert er sich, dass es nur ein Traum war. Als er den Wecker sucht, der auf dem Nachttisch links steht, beruhigt er sich langsam wieder. Das Bett neben ihm ist leer. Schon lange. Seine Frau schläft in ihrem eigenen Zimmer, da er angeblich schnarcht. Nicht schön, er vermisst sie nachts wirklich, aber was sollte er gegen den Auszug tun?

Jetzt muss er sich erst einmal wieder fangen. Das ist nicht das erste Mal, dass er diesen Traum träumt. Wie im letzten Traum auch, kommt er von der Arbeit, begrüßt die Kinder, die auf dem Sofa sitzen und PlayStation spielen, geht die Treppen hoch zum Zimmer seiner Frau, öffnet die Tür – uuuund es ist leer, komplett leer. Ausgeräumt, nichts mehr da, das Fenster steht offen und wie im billigen Western scheucht der Wind die Gardine auf. Wie hypnotisiert läuft er die Treppe hinunter, schreit die Kinder an: „Wo ist Mama?"

Vom Sofa kommt ein verständnisloses Kopfschütteln der beiden Jungen, während sie weiter auf den Bildschirm starren. Auf dem Sofatisch stapeln sich Teller mit Resten von Pizza und Chips, daneben Coladosen, Energydrinks ... „Welche Mama? Träumst du?", hört er den Jüngsten noch sagen.

An dieser Stelle wacht er jedes Mal auf. „Puuuh, wieder nur ein Traum." Seine Füße setzen neben dem Bett auf dem Boden auf und er erhebt sich langsam. Er schüttelt sich, um den Traum loszuwerden, doch heute klebt er wie Kleister an ihm. Im Badezimmer schaut er nach, ob noch alles da ist, was gestern Abend auch da war: Zahnbürste, Schminkzeug, Cremes … Dann schaut er vorsichtig in das Zimmer seiner Frau. Alles ist ruhig. Da atmet etwas. Erst jetzt spürt er Erleichterung.

„Das will ich nicht mehr träumen", denkt er. „Es versaut mir den folgenden Tag. Was will mir dieser schreckliche Traum sagen? Eigentlich ist doch alles gut zwischen uns. Oder sollte ich wirklich mal darauf hören, dass sie schon seit Längerem vorschlägt, eine Paarberatung zu machen? Okay, der Entschluss steht. Träume ich das noch einmal, werde ich mich nicht mehr verweigern."

Drei Wochen später:

Auch bei diesem Paar hat die Frau den Kontakt zu mir hergestellt. Ihr Mann ist zwar anwesend, zeigt sich im Laufe des Gesprächs aber eher skeptisch bezüglich der Notwendigkeit eines Paarcoachings.

Durch meine Frage, woran er es denn erkennen würde, wenn es doch notwendig wäre, eine Paarberatung in Anspruch zu nehmen, sind wir ins Gespräch gekommen.

„Also im Moment ist es ja so, dass wir bei Streitigkeiten irgendwann so weitermachen wie immer und sich dann alles wieder beruhigt, bis zum nächsten Mal", sagt der Mann. „So läuft das eben bei uns. Bei anderen Paaren gibt es auch irgendetwas, was nicht rundläuft, das gehört einfach dazu. Wo herrscht denn bitte schön nur Harmonie?"

„Können Sie noch einmal über meine Frage nachdenken?", hake ich nach. „Ich formuliere es einmal so: Was müsste passieren, damit Sie Paarberatung für notwendig halten?"

Ich möchte ihn zu sich selbst zurückbringen und weg von Verallgemeinerungen, die keine Grundlage für Lösungen sind.

Seine Frau im Sessel nebenan lächelt und ist sehr neugierig zu hören, was er dazu zu sagen hat.

Er geht in sich und überlegt ziemlich lange. „Na ja, ich glaube, ich würde tatsächlich erst eine Notwendigkeit sehen, wenn die gepackten Koffer vor der Tür ständen. Oder wenn der Traum, den ich fast jede Nacht träume, Realität wird.“

> **„Ich würde tatsächlich erst eine Notwendigkeit sehen, wenn die gepackten Koffer vor der Tür ständen.“**

„Und dann wäre es zu spät“, sagt sie ziemlich ruhig, denn er hatte ihr von dem Albtraum erzählt.

Er zeigt sich ein wenig irritiert von seiner eigenen Antwort und der Reaktion seiner Frau. Deshalb fange ich an, diesem Paar zu erläutern, welche Erfahrungen ich in meiner Praxis mit Paaren mache. Männer und Frauen nehmen ihre Konflikte einfach sehr unterschiedlich wahr. Du darfst gerne lauschen.

Zunächst möchte ich sagen, dass ich mich bei Männern schon sehr häufig gefragt habe, warum sie das, was die Frau sagt, nicht ernst nehmen.

Deshalb habe ich angefangen, Männer danach zu fragen. Ich bekomme dann oft die Rückmeldung von MANN, dass FRAU ja oft genug darüber meckert, dass etwas nicht gut läuft, sich diese Stimmung dann aber auch schnell wieder dreht und man zum gemeinsamen Alltag zurückfindet. Somit erleben Männer vielleicht das Gleiche, was für sie im Arbeitsleben zur Normalität gehört, nämlich dass ein Streit, zum Beispiel mit dem Chef oder mit Kollegen oder eine Unstimmigkeit im Miteinander mit Kunden oder Geschäftspartnern, meist schnell aus dem Weg geräumt werden kann und eine weitere Zusammenarbeit möglich ist. Es gehört für Männer eben zum Alltag, dass es nicht immer harmonisch zugehen kann. Außerdem ist es in der Arbeitswelt üblich, sich ein dickes Fell zuzulegen oder manchmal die Ohren auf Durchzug zu stellen. Es kann nicht immer alles bitter ernst genommen werden, wenn das Business weiterlaufen soll. Männer kommunizieren untereinander auch generell in einem konfrontativeren Ton als Frauen. Außerdem ist es in einigen Arbeitsgebieten durchaus notwendig, klare und präzise Anweisungen zu geben, ohne erst abzuklären, ob eine fordernde Stimme als verletzend empfunden werden könnte. Hier geht es um sofortige Lösungen, wie etwa bei einem Feuerwehreinsatz.

Frauen hingegen empfinden eine strenge, dominante, anordnende Stimme als Bedrohung, also als angsteinflößend. Und das wiederum führt bei Frauen dazu, dass sie sich bevormundet, unverstanden, nicht wertgeschätzt und respektlos behandelt fühlen. Außerdem werden viele Frauen an ihre Erfahrungen mit ihren Vätern erinnert, was nicht unbedingt ausschließlich gute Erinnerungen sind. Gleichzeitig haben sie oft wenig gelernt, ihr Innenleben zu kommunizieren, sodass eine Konfliktlösungsstrategie meistens darin besteht, dem Partner mangelndes Einfühlungsvermögen, Rohheit und Härte vorzuwerfen. Manche Frauen verstummen auch oder ziehen sich aus der Situation zurück. Der Mann bleibt dann kopfschüttelnd mit dem Konflikt zurück, weil er aus seiner Sicht doch gar nichts Schlimmes macht, wenn er klar und deutlich seine Meinung kundtut.

Bei Paaren in meiner Praxis stellt sich oft schnell heraus,

dass Konflikte nicht wirklich angegangen werden. Mir wird erklärt, dass neben all den Aufgaben für die Familie und für den Job wenig Zeit für Gespräche und Zweisamkeit bleibt. Und wenn es dann gemeinsame Zeiten gibt, werden von Seiten der Frau häufig die Probleme angesprochen, während der Mann nur seine Ruhe haben möchte.

Weil es keine guten Lösungen gibt, vielleicht sogar schon einiges ausprobiert worden ist, was nicht wirklich Entlastung gebracht hat, neigt oft einer der beiden dazu, die benannten Schwierigkeiten mit einem „Das wird schon wieder" abzutun.

Beide sind dann voneinander so sehr getriggert, dass der Streit immer an der gleichen Stelle ohne Lösung endet.

Häufig entstehen aus einer ungelösten Situation heraus innerhalb kürzester Zeit auch wechselseitige Vorwürfe. Beide sind dann voneinander so sehr getriggert, dass der Streit immer an der gleichen Stelle ohne Lösung endet – bis zum nächsten Mal. Weil dieses sehr zermürbend ist und aussichtslos erscheint, wird ein Gespräch darüber in der nächsten ähnlichen Situation am liebsten vermieden, was gleichzeitig dazu führt, dass man sich gegenseitig aus dem Weg geht und der Frust zunimmt.

MANN neigt manchmal dazu, die Aussagen von FRAU als Genörgel und Gemecker zu interpretieren und nicht ernst zu nehmen, weil es ja irgendwann immer wieder gut ist. Somit wird selbst ein Ausspruch von FRAU im Sinne von: „Wenn das so weitergeht, muss ich mich trennen ...", nicht ernst genommen, weil es schon zu häufig angedroht wurde, ohne dass sie es tatsächlich umgesetzt hat. Doch diese Sicherheit trügt sehr, denn während der Mann erst bei gepackten Koffern die Dringlichkeit versteht, so ist die Frau schon vorher monatelang in Gedanken mit Kofferpacken beschäftigt.

Deshalb möchte ich dir Folgendes ans Herz legen:

1. Wenn es immer wieder die gleichen Probleme gibt, höre deiner Frau genau zu.

2. Nehme das, was sie sagt, ernst.

3. Es gibt keine Sicherheit, in der du dich wiegen kannst, nur weil ihr euren Alltag bestreitet wie immer.

4. Gehe im Zweifel davon aus, dass sie schon auf gepackten Koffern sitzt.

Was das für dich und die Partnerschaft bedeutet, möchte ich im nächsten Kapitel näher beschreiben. Dieses liegt mir ganz besonders am Herzen, weil es hier um Hopp oder Top geht.

Das oben beschriebene Paar musste sich eingestehen, dass es seine Kommunikation verbessern konnte. Auch der Auszug aus dem gemeinsamen Schlafzimmer war, trotz der nachvollziehbaren Begründung, ein Zeichen für mehr Distanz und weniger Nähe in der Partnerschaft gewesen. Beide wollen nun ihre Chance nutzen, gemeinsam Veränderungen zu bewirken.

5. Willst du diese letzte Chance nutzen oder ist der Zug bereits abgefahren?

Heute ist das Meeting, in dem es für ihn um alles geht. Hat sich die Arbeit der letzten Wochen und Monate gelohnt? Wird sein Konzept aufgehen, werden seine Ideen auf Resonanz stoßen? Die Anspannung ist enorm, während er sich in den Anzug schmeißt, seine morgendliche Routine abspult, seinen Kaffee im Vollautomaten zubereitet und sich an den Tisch setzt. Es dauert nur einen kleinen Moment, bis er aufspringt und das Haus verlässt, um sich in seinen neuen Dienstwagen zu setzen und in die Firma zu fahren.

Nur mit einem flüchtigen Kuss bedachte er seine Frau, den beiden Mädchen nickte er kurz zu, als sie die Küche betreten hatten. Seine Konzentration gilt der Präsentation heute, die er seit Wochen in akribischer Kleinarbeit vorbereitet hat. Jetzt bloß nicht versagen! Alles muss auf den Punkt stimmen. „Wenn der heutige Tag gut gelaufen ist, wird es endlich wieder entspannter", beruhigt er sich.

Während er an diesem Morgen den schnellsten Weg über die Autobahn nimmt, überkommen ihn Gedanken, die er gerade gar nicht gebrauchen kann. Seit Wochen gelingt es ihm, diese Gedanken wegzuschieben. Merkwürdigerweise gelingt es ihm gerade heute nicht. Woran das liegt, ist ihm nicht klar, doch irgendetwas irritiert ihn gerade extrem. Der Blick seiner Frau war traurig und leer. Auch wenn sie ihm „Viel Glück" gewünscht hatte, beruhigte ihn das gerade nicht. Seine beiden Mädchen hatte er lange nicht mehr in die Arme genommen, war immer zu spät zuhause und zu früh wieder weg. „Der Geburtstag meiner Mutter", durchfährt es ihn gerade wie ein Stich. „Vorgestern, scheiße. Und der Hochzeitstag, letzte Woche Mittwoch. Nein, wie konnte er das vergessen? Warum hatte seine Frau ihn nicht daran erinnert?"

„Sie hat aufgehört, mit mir zu sprechen", fällt ihm gerade auf. All die vielen Gespräche, in denen sie angedeutet hatte, wie müde und kaputt sie sei, in denen sie gestritten hatten, was das Zeug hält, blieben in den letzten Wochen aus. Plötzlich fühlt er nur noch Ohnmacht und Angst. „Was bedeutet all das? Und warum denke ich gerade jetzt darüber nach? Gleich ist doch die wichtigste berufliche Veranstaltung in diesem Jahr."

Während er von der Autobahn abfährt und das Auto durch den morgendlichen Berufsverkehr steuert, beruhigt er sich langsam wieder. Die Dinge sind für ihn jetzt klar und sein Entschluss steht fest: „Nach dieser Präsentation, egal wie sie ausgehen wird, werde ich einen Termin für eine Paarberatung machen."

Vor Monaten hatte seine Frau schon eine Therapeutin für sie beide herausgesucht. Das würde es ihm jetzt einfacher machen, sofort morgen Kontakt aufzunehmen.

Eine Woche später:

Das Paar vor mir ist besonders. Der Mann ist hoch motiviert und hatte mir bei der Terminvereinbarung geschrieben, es handele sich um einen Notfall.

Er zeigt einen gewissen Stolz darauf, dass er derjenige ist, der diese Dringlichkeit bezüglich eines Paarcoachings sieht. Seine Frau ist eher ruhig und macht es sich erst einmal im Sessel bequem. Sie überlässt ihrem Mann den Smalltalk, bis beide entspannt in den Ohrensesseln sitzen und mich erwartungsvoll anschauen.

„Was kann ich für Sie tun?", beginne ich das Gespräch.

„Nun, ich bin viel beschäftigt im Job und die letzte Zeit war besonders anstrengend. Meine Frau spricht schon lange von einer Paarberatung, und jetzt, wo mein Großprojekt gerade in trockenen Tüchern ist, möchte ich das mit ihr machen. Was mich besonders stört, ist der fehlende Sex. Jetzt sind wir hier." Klare Worte.

„Und wie ist es für Sie?", frage ich die Frau im anderen Sessel.

„Ich habe alles versucht und habe keine Hoffnung, dass es besser wird. Ich will mich trennen."

„Ich rede seit zwei Jahren davon, dass wir uns Hilfe holen müssen, dass ich unglücklich bin in der Partnerschaft und dass ich mich nicht verstanden fühle. Ich muss mit unseren Mädchen alles allein machen und halte ihm den Rücken frei. Und ich habe schon häufiger mit Trennung gedroht, wenn sich nichts ändert, und habe es dann doch nicht getan. Das Einzige, was ihm fehlt, ist Sex. Ich kann mir das gar nicht mehr vorstellen. Er ist ja auch nie da."

„Was genau heißt das für Sie, wenn Sie sagen, Sie können es sich nicht mehr vorstellen?", hake ich nach.

Darauf atmet sie tief ein und sagt: „Ich habe alles versucht und habe keine Hoffnung, dass es besser wird. Ich will mich trennen. Vielleicht können Sie uns dabei helfen?"

Während der Mann völlig geschockt in seinem Sessel

erstarrt, wirkt sie sehr aufgewühlt und gleichzeitig erleichtert, dass es jetzt endlich gesagt ist.

Ich wende mich dem Mann zu: „Was passiert gerade in Ihnen?" Ich schaue ihn auffordernd an, während er versucht, die Fassung zu wahren.

Dann wendet sich sein Blick seiner Frau zu. „Das ist nicht dein Ernst, oder? Das glaube ich dir nicht. Ich komme doch nicht mit hierher, damit du mir hier sagst, dass du dich trennen willst! Ich reiße mir beruflich den Arsch auf, damit wir finanziell klarkommen und alle Kosten gedeckt sind, und du sprichst von Trennung, einfach so, aus dem Nichts?"

Schnell übernimmt sie das Gespräch mit den Worten: „Ich wusste, dass du so reagierst. Deshalb habe ich dir zuhause nichts gesagt. Du hättest mir wieder eingeredet, wie falsch ich liege, und wir hätten wieder nur diskutiert."

Anstatt jetzt noch tiefer hineinzugehen in den Konflikt, spreche ich mit beiden zunächst über meine Beobachtungen in der Paarberatung. Ich finde es sehr wichtig, dass Konflikte angegangen werden, weil Frauen eben anders denken, fühlen und handeln als Männer.

Ich möchte, dass Männer dies wissen. Und bitte, lieber Mann, nimm das ernst und folge mir ein Stück mit deiner Aufmerksamkeit.

Wenn sich ein Paar bei mir vorstellt (wie das Paar oben) und vielleicht der Mann sogar den ersten Termin abspricht, ist dieser oft sehr motiviert, nun das Problem aktiv anzugehen. Er hat gemerkt, dass es jetzt wirklich Zeit wird, eine

Lösung für die Partnerschaft zu finden. Zunehmend erhöht sich sein Druck.

Die Frau hingegen ist häufig an einem ganz anderen Punkt. Und dies gilt nicht nur für die Frau in diesem Beispiel. Schnell stellt sich im Laufe der Gespräche mit Frauen heraus, dass sie lange darum gekämpft haben, Gehör zu finden, und es über die Jahre viele kleine und große Verletzungen gegeben hat, die vom Mann nicht gesehen wurden. Jetzt ist ihr Entschluss, die Trennung zu wollen, bereits gefallen.

Meine Erfahrung zeigt: Wenn FRAU die Entscheidung bereits getroffen hat, gibt es wenig Chancen, sie noch einmal umzustimmen.

Wenn FRAU die Entscheidung bereits getroffen hat, gibt es wenig Chancen, sie noch einmal umzustimmen.

Für den Mann ist es ein harter Schlag, dies zu hören. Seine Wahrnehmung der Situation ist häufig eine ganz andere. Und weil er es vielleicht im Business gewohnt ist, schwierige Probleme zu lösen, ist es ihm nicht bewusst, als wie schwerwiegend seine Frau die Partnerschaftskrise eingeschätzt hat. Das bedeutet nicht, dass es gar keine Chance gäbe, weiterhin ein Paar zu sein. Oft ist es allerdings schon ein Trennungsprozess, den ich dann begleite. Deshalb möchte ich Männer ermutigen, frühzeitig aktiv zu werden.

Die Frau ist oft seit Monaten, manchmal auch seit Jahren um die Partnerschaft bemüht. Sie möchte den Kindern eine Trennung ersparen, sie wird sich ihrer finanziellen Abhängigkeit bewusst und durchdenkt alle Alternativen. Weil sich der Mann weigert, die Brisanz zu erkennen, muss sie einen Weg finden, mit ihrer Ohnmacht umzugehen (nichts ausrichten zu können). Das führt dazu, dass sie sich langsam, aber sicher mit der Alternative „Trennung" beschäftigt.

Wenn der Mann dann „endlich" die Bereitschaft zeigt, eine Paarberatung oder Therapie zu machen, kann es sein, dass sie sich schon seit Wochen für die Trennung entschieden hat.

Ich erlebe immer wieder Paare, bei denen die Frau mit der Beziehung längst innerlich abgeschlossen hat und Pläne schmiedet, wie sie nach der Trennung weiterleben möchte, während der Mann aus allen Wolken fällt, wenn er hört, was seine Frau ihm zu sagen hat.

Manchmal ist es der Frau gar nicht bewusst, dass sie sich bereits entschieden hat. Dann ist sie sehr offen dafür, in Gesprächen gemeinsam Schwierigkeiten zu durchleuchten und nach Lösungen zu suchen. Erst wenn es um Themen wie Zweisamkeit, Nähe und Sexualität geht, zeigt sich, wie weit sich FRAU bereits entfernt hat. Und wenn ich Frauen an dieser Stelle frage, in welcher Situation sie innerlich für sich den Schlussstrich gezogen haben, können die meisten das Ereignis ganz genau benennen.

Bei einer unerwarteten Trennung erleben sich Männer dann als extrem ohnmächtig und ausgeliefert.

Ich erlebe in diesem Prozess extrem verunsicherte Männer, die überhaupt nicht ahnten, was in FRAU vor sich ging. Sie haben ihre Signale überhört und der eigenen Intuition, der inneren Stimme und dem Gefühl kein Gehör geschenkt. Männer sind es gewohnt zu planen und zu erschaffen und im Außen aktiv zu sein. Auch ernsthafte Probleme werden sofort aktiv gelöst. Bei einer unerwarteten Trennung erleben sich Männer dann als extrem ohnmächtig und ausgeliefert. Nicht selten wird damit auch eine Geschichte aus der eigenen Kindheit angetriggert. Manchmal gab es schon damals eine völlig unvorhergesehene Trennung oder auch das „Nicht-ernst-Nehmen" von Problemen in der Herkunftsfamilie.

Ich weiß, dass es natürlich immer ganz individuelle Lösungen gibt, beieinanderzubleiben oder zumindest die Kinder gemeinsam großzuziehen. Auch wieder zueinanderzufinden ist möglich.

Was alle Lösungen gemeinsam haben, ist …

1. die unabdingbare Bereitschaft, sich selbst zu reflektieren, die eigenen wunden Punkte zu erkennen,

2. dem Partner diese zu zeigen und sich dem Schmerz zu stellen,

3. durch einen radikal ehrlichen Prozess zu gehen, in dem Tiefe und Nähe in der Partnerschaft neu entstehen und am Ende auch wieder eine erfüllende Sexualität gelebt werden kann.

Nur stelle es dir nicht als einen leichten Trip für ein paar Wochen vor. Mache dich lieber auf eine radikale Veränderung deines Denkens, Fühlens und Handelns gefasst. Dafür ist es nicht so schwer, die Tools aus diesem Buch zu nutzen, weil die Erfolge sich zeigen werden. Schwer ist es lediglich, die Geduld für sich und den anderen aufzubringen, durch die Wunden der Vergangenheit und das Auslösen wiederkehrender Trigger zu gehen.

Wenn in früheren Streitereien immer wieder Vorwurf auf Vorwurf folgte und dadurch eine Kette von Beschuldigungen und Anklagen entstand oder auch tagelanges Schweigen die

Folge war, dann muss es immer wieder gelingen, diese alten Muster durch neues Verhalten zu durchbrechen.

Falls du an dieser Stelle denkst: „Wofür das alles? Das klingt sehr anstrengend, da suche ich mir lieber eine andere Partnerin", dann möchte ich dir sagen, dass du das gerne tun kannst. Wenn du die Hoffnung hegst, dadurch nicht wieder auf die gleichen Trigger zu treffen und ähnliche Auseinandersetzungen zu erleben, verstehe ich das sehr gut. Aus eigenen Erfahrungen und den Schilderungen meiner Klienten möchte ich dir aber den Zahn ziehen, dass in der nächsten Partnerschaft alles schön ist und rundläuft. Denn den wesentlichen Faktor, der Schwierigkeiten in Partnerschaften bereitet, nimmst du immer wieder mit: dich selbst. Wenn du dein Denken, Fühlen und Handeln nicht veränderst, sondern das Gleiche tust wie bisher, kommt am Ende das gleiche Ergebnis heraus. Vielleicht präsentiert dir die nächste Frau noch zusätzliche Trigger, vielleicht fallen dafür auch andere weg. Am Ende geht es immer um dich und deine Bereitschaft, an einer Krise zu wachsen.

Die Hüllen dürfen fallen.

Wenn du dazu bereit bist, wirst du dich selbst besser kennenlernen und auch deine Frau erstmals wirklich so sehen können, wie sie ist. Sie muss sich nicht mehr bemühen, eine Frau zu sein, die du gern haben möchtest. Sie kann sie selbst sein. Du musst ebenfalls nicht mehr jemand sein, der irgendetwas darstellt, was er nicht ist. Die Masken dürfen fallen. Wenn ihr euch „pur" begegnen könnt und ehrlich diesen Weg gemeinsam geht, werdet ihr euch am Ende beide richtig und ganz fühlen, egal, welche Macken ihr habt.

Mein Paar vom Anfang hat das nicht geschafft. Die Entscheidung der Frau war schon lange gefallen. Dafür ist ihnen der Umgang mit den Kindern sehr gut gelungen. Elternsein ist für sie wesentlich einfacher, als eine Partnerschaft zu führen.

Andere Paare haben es hingegen geschafft, sie haben die Signale ernst genommen und früh genug reagiert.

Und falls es das Thema Treue, Fremdgehen und Vertrauensverlust bei euch gibt, wird das nächste Kapitel eine gute Anregung für dich sein.

6. Wenn du Untreue nicht als Neuanfang für die Partnerschaft nutzt, kannst du direkt einpacken

Seit Wochen freut sie sich auf diesen Abend. Nach langer Zeit gibt es endlich einmal wieder ein Klassentreffen. Ihr Mann wird bei den Kindern sein, während sie ihre alten Schulfreunde und Freundinnen wiedersehen darf. 25 Jahre sind eine lange Zeit. Entsprechend groß ist die Vorfreude. Sich wiederzusehen und sich über alte Beziehungen, verborgene Geschichten und vergessene Liebesdramen auszutauschen ist eine spannende Abwechslung vom Familienalltag. Der ein oder andere Junge hatte sie damals interessiert. Es macht ihr Spaß, darüber nachzudenken, ob sie alle wiedererkennen wird.

Seit 20 Jahren ist sie nun schon weg aus ihrem Heimatort. Durch die Arbeit ihres Mannes hat es sie weiter in den Süden verschlagen. Daher bucht sie bereits im Vorfeld ein Hotel und plant, auf dem Rückweg noch ihren Eltern einen Besuch abzustatten. Ein ganzes Wochenende nur für sich allein. Ein Traum.

Endlich ist es so weit. Während sie sich im Hotelzimmer auf die Party vorbereitet, ihre schicken Klamotten aus dem Koffer holt und sich hübsch macht, bekommt sie eine Nachricht auf ihr Handy. Vor Wochen schon hatte sie wegen des Treffens wieder Kontakt zu Markus aufgenommen, ein Schulfreund, der ebenfalls heute Abend dabei sein würde. Jetzt meldet er sich, weil er im selben Hotel wohnt und nachfragt, ob sie gemeinsam starten wollen. Sie setzt sich kurz hin und schreibt aufgeregt zurück: „Bin gleich fertig. Komme runter zum Eingang."

Zuhause ist dieser Abend ebenfalls besonders. Ihr Mann sitzt mit den Kindern gemütlich auf dem Sofa. Auf Harry Potter hatten sie sich im Vorfeld geeinigt. Da klingelt es an der Tür. Der Duft von Pizza schleicht durch das Treppenhaus bis zur Wohnungstür, als der Älteste öffnet. „Papa, 35 Euro alles zusammen. Hast du das Geld?", hallt es aus dem Flur. Er steht auf, holt das Portemonnaie und gibt großzügig Trinkgeld. Das „Männerwochenende" mit seinen drei Jungs will er so richtig genießen. Eine freudige Aufregung erfasst ihn. Die Anspannung, ob er dieser Aufgabe gewachsen sein wird, verfliegt langsam. Er freut sich auch für seine Frau, die es sich wirklich verdient hat, ein Wochenende allein zu verbringen. Bei der Vorstellung, dass sie ihre alten Schulfreunde treffen wird, ist ihm allerdings auch ein wenig unwohl. Wer weiß, was da so alles passieren kann?

Bei der Vorstellung, dass sie ihre alten Schulfreunde treffen wird, ist ihm allerdings auch ein wenig unwohl.

Währenddessen vollendet sie ihr Outfit mit großen Ohrringen, schaut sich noch einmal im Spiegel an und wünscht sich selbst viel Spaß. In die Familiengruppe mit Mann und Kindern schickt sie noch kurz ein Daumen-hoch. Das ist das vereinbarte Zeichen für „Jetzt geht's los". Zurück kommt ein Gruppenselfie von Pizza futternden großen und kleinen Männern.

Die Party ist wunderbar. So als hätte man sich nie aus den Augen verloren. Sie fühlt sich aufgeregt und kribbelig, wie damals mit neunzehn. Auch wenn sie bei dem einen oder der anderen rätseln muss, weil sie nicht jeden und jede sofort erkennt. Am Ende ist die alte Vertrautheit mit den Menschen von früher wieder da. Mit Markus ist es besonders, weil sie sich an diesem Abend gestehen, dass sie damals ineinander verliebt gewesen waren. Sie tanzen die halbe Nacht zusammen und sind so vertraut wie zur Schulzeit. Da beide ihre eigenen Familien haben, ist von Anfang an klar, dass nichts Ernsthaftes passieren darf.

Es ist schon spät, als sie und Markus mit dem Taxi zurück zum Hotel fahren. Vor ihrer Zimmertür knistert es dann richtig. Vielleicht tut der Alkohol auch seinen Teil dazu. Der Gutenachtkuss ist aufregend, wird zusehends leidenschaftlich – und letztendlich landen sie dort, wo sie eigentlich nicht landen wollten: im Bett.

Als sie am nächsten Morgen aufwacht, ist niemand mehr da. Nur diese extremen Kopfschmerzen, die sie auffordern, eine Tablette zu nehmen und danach unter die Dusche zu flüchten, erinnern sie an den Abend zuvor. Als das heiße Wasser über ihr Gesicht läuft, wird ihr bewusst, was sie angerichtet hat. Während sie sich anzieht, greift sie nach dem Handy und sieht dort eine Nachricht von Markus. Mit ebenfalls schlechtem Gewissen kämpfend, erklärt er, dem Ganzen keine Bedeutung geben zu wollen. Beim Frühstück sind sich beide dann auch einig, dass dieses als einmaliges Ereignis in ihre gemeinsame Geschichte eingehen soll und beide nicht ihre Familien gefährden werden. Für sie fühlt es sich im ersten Moment gut an, diesen Beschluss gefasst zu haben. Im nächsten Augenblick siegt das schlechte Gewissen. Schon bei dem Abstecher zu ihren Eltern drängt sich ihr der Gedanke auf: „Ich muss es meinem Mann sagen, anders kann es jetzt nicht weitergehen."

„Ich muss es meinem Mann sagen, anders kann es nicht weitergehen."

Drei Wochen später:

Ich öffne die Tür meiner Praxis und lasse das Paar eintreten. Auch hier hatte sich der Mann angemeldet und um einen Termin gebeten. Er ist Anfang fünfzig, sie Ende vierzig. Sie wirken vertraut und gleichzeitig distanziert.

Schnell wird das Anliegen klar. Um Gerüchten vorzubeugen und ihr Gewissen zu erleichtern, hatte die Frau sich entschlossen, ihrem Mann reinen Wein einzuschenken und ihm von ihrem kurzen Abenteuer mit dem Schulfreund in der Nacht nach dem Klassentreffen direkt zu erzählen. Daraufhin sei er so geschockt gewesen, dass er auf eine gemeinsame Beratung bestand. Sie erklärt noch einmal eindringlich, wie wenig Bedeutung ihr Ausrutscher gehabt habe und wie sehr sie wolle, dass alles so gut weiterlaufen könne wie bisher, weil sie ihn doch liebe.

„Und meine Frau hat häufig abends Lust, dafür morgens nicht.“

Was ich meistens nach der Schilderung von Untreue tue, ist zu fragen: „Mögen Sie mir erzählen, wie es um Ihre gemeinsame Sexualität bestellt war in den letzten Wochen und Monaten vor dem Fremdgehen?“

Hier antwortet der Mann: „Na ja, irgendwie ist die ziemlich eingeschlafen, was mich auch wirklich ärgert. Ich arbeite so viel, dass ich abends zu erschöpft bin, um Lust zu haben. Und meine Frau hat häufig abends Lust, dafür morgens nicht, wenn ich mehr Lust habe.“

„Ist dieses ‚Aneinandervorbei‘ nur beim Sex so oder auch im Alltag?“, frage ich als Nächstes.

Jetzt spricht seine Frau: „Eigentlich funktioniert alles, wir sind ein eingespieltes Team. Wir ergänzen uns gut mit den Kindern und den Aufgaben. Im Alltag macht jeder seinen

Part und irgendwie ist das schon auch aneinander vorbei. Wir haben abends unseren Sport. Mein Mann geht zum Fitness, ich mache Yoga. Die gemeinsamen Aktivitäten beschränken sich auf die Wochenenden. Da die drei Jungen zwischen acht und vierzehn sind, gibt es einiges an Fahrten zu koordinieren. Die Wochenenden sind zum Teil auch mit Fußballplatz oder Basketballhalle verplant."

„Haben Sie Platz für Zweisamkeit?", ist meine nächste Frage.

Jetzt antwortet er: „Wenig bis gar nicht."

„Glauben Sie, dass Fremdgehen auch etwas damit zu tun haben könnte, dass im Leben etwas fehlt?", lautet eine weitere Frage von mir.

„Ich glaube schon. Es ist ja nicht so, als hätte ich noch nie darüber nachgedacht, gerade nach diesem Vorfall. Ich nehme es ihr echt übel. Mit mir schläft sie fast gar nicht mehr und mit einem Fremden schon. Jetzt bin ich jedes Mal, wenn sie am Handy ist, unsicher, ob sie nicht mit ihm schreibt. Ich habe das Vertrauen verloren. Wie kann es wieder werden wie früher?"

> **„Mit mir schläft sie fast gar nicht mehr und mit einem Fremden schon."**

Diese Fragen haben fast alle betrogenen Partner oder Partnerinnen. Deshalb möchte ich hierzu Folgendes schildern:

Manchmal erlebe ich Paare wie dieses in meiner Praxis. Sie suchen Unterstützung, weil einer der beiden fremdgegangen ist. Häufig erkennt die Person, die mit jemand anderem intim war, dass sie sich nicht trennen möchte. Dass sie oder er spontanen Bedürfnissen nachgegangen ist, anstatt mit

dem gemeinsamen Wert der „partnerschaftlichen Treue"
zu leben. Es wird bereut, was geschehen ist, und es fällt
schwer, darüber zu sprechen. Schuld und Scham sind oft
genauso vorhanden wie auf der anderen Seite Schmerz, Verletzung und Vertrauensverlust.

Im gemeinsamen Gespräch wird oft deutlich, dass Leidenschaft und Lust im Laufe der Zeit verloren gegangen sind.
Häufig fällt nach der Geburt der Kinder ein neuer Einstieg in
die Sexualität schwer. Zunächst verhindert das Stillen und
die damit verbundene hormonelle Lage der Frau die Lust auf
Sex. Deshalb fehlt die Sexualität den Frauen zunächst nicht
so sehr, den Männern dagegen schon. Während die Frauen
ihre Kuscheleinheiten häufig durch die Kinder erhalten, bekommt der Mann zunehmend das Gefühl, um Nähe kämpfen
zu müssen. Während FRAU froh ist, dass einmal kein Kind an
ihr hängt, fühlt MANN sich allein mit seinem Bedürfnis nach
Nähe. Frauen spüren die große Bedürftigkeit des Mannes und
reagieren auf diese Opferhaltung häufig mit Verachtung.

In Einzelgesprächen mit Frauen höre ich, dass sie mit der
Art und Weise der Intimität in ihrer Partnerschaft nicht
mehr zufrieden sind. Lieber verzichten sie dann darauf, als
darüber zu sprechen. Da die allermeisten Menschen nicht
gelernt haben, offen über ihre Sexualität zu kommunizieren, fehlt häufig eine vertrauensvolle Sprache, um auszudrücken, welche Bedürfnisse vorhanden sind. Später werde
ich noch mehr dazu sagen, inwieweit auch traumatische
Kindheitserfahrungen einen großen Einfluss auf Lust und
Leidenschaft haben.

Zunächst möchte ich noch feststellen, dass die meisten
Paare, mit denen ich in meiner Praxisarbeit zu tun habe,
monogam leben. Wenn einer der beiden dann plötzlich auf

die Idee kommt, sich sexuell für andere Möglichkeiten zu öffnen, gibt es unterschiedliche Gründe dafür. Entweder wird die Sexualität nicht erfüllend erlebt – oder es besteht eine große Sehnsucht danach, in sexueller Hinsicht mehr zu erleben, als es mit dem eigenen Partner oder der Partnerin möglich ist. Wenn beide bereits diese Gedanken und Sehnsüchte in sich tragen, ist es sicherlich ein guter Weg, dieser Idee auf den Grund zu gehen und vielleicht auch praktische Erfahrungen damit zu sammeln.

Wenn jedoch der Partner oder die Partnerin nur zustimmt, weil er oder sie den oder die andere nicht einschränken möchte, dann kommt es zu einem inneren Wertekonflikt. Meistens mündet dieser darin, dass mindestens eine Person darunter leidet, oft auch beide. Aus meiner therapeutischen Sicht funktioniert Polyamorie nur dann wirklich erfüllend, wenn das Paar selbst eine gute, sichere, ehrliche Basis hat, auf der ihre Partnerschaft steht. In labilen Partnerschaften führt Polyamorie eher zu Verunsicherungen und Triggern, die das Leiden auf beiden Seiten vergrößern.

Es gibt nichts zu verlieren.

Nun zurück zum Fremdgehen. Wenn es also aus den unterschiedlichsten Gründen dazu kommt, dass jemand in der Partnerschaft fremdgeht oder es zu einem einmaligen Ereignis gekommen ist, macht es immer Sinn, darin eine Chance zu sehen. Ein Paar, das diese Gelegenheit nutzt und – statt sich voneinander wegzubewegen – sich der Krise stellt und in die Gefühle hineingeht, kann sehr gestärkt daraus hervorgehen. Wenn endlich geklärt werden kann, was vielleicht schon lange rumort, haben beide eine echte Chance auf eine neue Zukunftsperspektive.

Denn meine Erfahrung zeigt: Es gibt nichts zu verlieren.

Entweder wird die Krise gemeinsam tief durchlebt und aus Verletzung und Vertrauensbruch entsteht eine neue, ehrliche Tiefe für die Partnerschaft – oder es wird ebenfalls tief in Gefühle eingetaucht und am Ende ist endlich klar, dass es schon lange keine echte Verbindung mehr gibt und es gut ist, die Partnerschaft zu beenden.

Wenn es hier möglich wird, miteinander ehrlich, offen und klar zu reden und endlich auszusprechen, was vielleicht schon lange gesagt werden musste, entsteht ganz neue Tiefe und Nähe. Dazu bedarf es bestimmter Voraussetzungen, vor allem eines erneuten Vertrauensaufbaus.

Wenn FRAU betrogen wurde, hinterlässt das eine große Wunde. Genauso ist es, wenn MANN betrogen wurde. Außerdem bleibt eine manchmal auch dauerhafte Angst, es könnte noch einmal passieren. Misstrauen ist gesät.

„Ich verspreche dir, das passiert mir nicht wieder." Die Aussage: „Du kannst mir ab jetzt wirklich vertrauen, das wird mir nicht noch einmal passieren", hört sich zunächst wie ein Versprechen mit Schuldeingeständnis an. Es hinterlässt aber zweierlei bei dem oder der Betrogenen. Zum einen fühlt er oder sie sich schuldig, weil er oder sie scheinbar unnötigerweise nicht vertraut. Zum anderen spürt der oder die Betrogene innerlich, dass irgendetwas an dieser Aussage irritierend ist, denn die Grundlage des Vertrauens wurde definitiv entzogen.

Die Lösung liegt hier jetzt in der Kommunikation und der Bereitschaft zur Geduld. Ich vermittle dem betroffenen Paar immer, dass es das gute Recht des oder der Betrogenen ist, mehr als einmal die eigene Angst vor einer Wiederholung zu äußern. Um das Vertrauen wiederaufzubauen, braucht es eine Zeit der Achtsamkeit miteinander, weil sich zeigen muss, ob die Aussage: „Ich verspreche dir, das passiert mir nicht wieder", tatsächlich auch gelebt wird.

Die Frau aus meinem Beispiel oben, die fremdgegangen ist, wird jetzt mit den Konsequenzen ihres Verhaltens konfrontiert. Die Angst des anderen muss ernst genommen und als folgerichtig erkannt werden. Angst zu leugnen und blind zu vertrauen ist zwar möglich, stellt sich aber häufig als Überlebensstrategie aus der Kindheit heraus. Sie dient dazu, die Verletzung nicht spüren zu müssen und der Verlustangst entgegenzuwirken.

Gesund ist es aus meiner Sicht, wenn Unsicherheit und Angst gespürt und ausgesprochen werden dürfen. Es ist richtig, dass es Zeit benötigt, bis Vertrauen wieder Einzug halten kann. Es ist völlig okay, wenn es dauert und es ist genauso okay, wenn es den anderen nervt. Schneller geht es eben nicht, neues Vertrauen aufzubauen. Und auch so destruktive Gedanken wie „jetzt habe ich einen gut" dürfen da sein und gedacht werden. Sie zu verdrängen ist genauso wenig hilfreich wie sie direkt in die Tat umzusetzen. Wenn beide dieses akzeptieren können und darüber reden, entsteht neue Nähe.

Oft genug erkennen Paare erst in einer solchen Krise, wie viel tiefer als bisher eine Partnerschaft gelebt werden kann. Sie erkennen, wie viel mehr Nähe möglich ist und mit wie wenig sie sich bislang aus Unwissenheit zufriedengegeben haben.

Wie beim Paar im obigen Beispiel ist das „Fremdgehen" oft ein Anlass, sich überhaupt die Frage zu stellen, ob die Partnerschaft noch als befriedigend erlebt wird. Wenn es möglich ist, hier anzusetzen und in eine tiefe, ehrliche Kommunikation einzusteigen, kann das auch direkte Auswirkungen auf eine erfüllende Sexualität habe. Dieser widme ich mein nächstes Kapitel.

Zum Thema „Fremdgehen" möchte ich noch eine weitere Beobachtung mit dir teilen. Ich erlebe es sehr, sehr verschieden, ob MANN fremdgeht oder FRAU. In meinem Beispiel habe ich die Frau gewählt, weil ich den Mann einmal von der verletzlichen Seite zeigen wollte. Die Realität ist, dass es sowohl der Frau als auch dem Mann passiert. Ich erlebe allerdings sehr große Unterschiede in der Bedeutung des „Fremdgehens". Was meine ich damit?

Der Mann schenkt nach meiner Erfahrung seinem „Fremdgehen" weniger Bedeutung, als es die Frau tut. Er erlebt die Sexualität außerhalb der Partnerschaft auf der rationalen Ebene zwar als klaren Vertrauensbruch. Gleichzeitig hat es für ihn häufig aber gar nichts mit emotionaler Verbundenheit und Nähe zu tun. Somit hat es meistens eine rein körperliche Bedeutung für ihn. Er taucht quasi in die Welt einer anderen Frau ein. Sie ist vielleicht hübsch und körperlich anziehend. Er genießt den Sex und geht dann auch schnell wieder.

Er genießt den Sex und verschwindet dann auch schnell wieder.

Für die Frau ist es anders. Bevor sie sich dem Mann öffnet, braucht es in den allermeisten Fällen Vertrautheit und Verbundenheit. Beide müssen gut miteinander reden können, sich über ähnliche Themen austauschen können, Gemeinsamkeiten entdecken oder wieder aufleben lassen. Deshalb sehe ich tatsächlich in meiner Praxis die obige Variante mit dem Fremdgehen auf Klassentreffen oder auch in der Reha-Kur häufiger bei Frauen. Mit Menschen aus der Schulzeit gibt es manchmal alte Vertrautheiten und

Sehnsüchte, an die wieder angeknüpft wird. In der Reha entstehen Verbindungen über tiefe Lebensthemen, weil niemand dort ist, der nicht auch etwas Leidvolles erlebt hat.

Umso wichtiger finde ich es, dir als Mann davon zu erzählen. Denn ich erlebe es sehr häufig, dass sich Frauen nach dem Seitensprung mit einer alten Bekanntschaft von ihrem Mann trennen.

Wenn ich mit Frauen über ihre Gründe für den Seitensprung spreche, stellt sich oft heraus, dass mit dem vertrauten Bekannten eine verständnisvollere Kommunikation entsteht als mit dem Partner, weil es keinen gemeinsamen Alltag gibt. Manchmal findet sogar ein sehr inniger Austausch über die aktuellen Probleme und Sorgen mit dem jeweiligem Partner statt. Wenn beide in einer unerfüllten Partnerschaft feststecken, tut der Austausch einfach gut. Auch das Internet bietet sehr viele Möglichkeiten, durch eine langsame Annäherung eine vertrauensvolle Atmosphäre zu schaffen. Immer, wenn sich nach außen gewandt wird, ist dieses ein Zeichen dafür, dass in der Partnerschaft etwas fehlt.

Je länger dieser Zustand anhält (ohne dass interveniert wird), umso größer ist die Wahrscheinlichkeit, dass sich Mann und Frau komplett voneinander entfernen. Deshalb benötigt die Rettung der Ehe oder Partnerschaft unbedingt die gemeinsame Absicht beider. Es geht darum, sich ganz neu einzulassen und sich den gegenseitigen Verletzungen zu stellen. Nur dann kann sich etwas Neues daraus entwickeln.

Sie weiß intuitiv, dass sich eine andere Frau für dich geöffnet hat.

Wenn du also als Mann fremdgehst, hat das eine andere Bedeutung bezüglich der Fortführung der Partnerschaft, als wenn FRAU es tut. Und FRAU wird durch dein

Fremdgehen häufig so verletzt, dass es eine lange Zeit braucht, bis sie dich wieder in sich willkommen heißt. Du hast schließlich ihren vertrauten Raum verlassen und deine Freude in jemand anderem verteilt. Sie weiß intuitiv, dass sich eine andere Frau für dich geöffnet hat. Das ist auf der emotionalen Ebene bedeutsam für eine Frau.

Was möchte ich dir also damit sagen? Dieses können für dich Lösungen sein:

1. Wenn deine Frau fremdgegangen ist, ist es allerhöchste Zeit zu handeln. Ihr fehlen wahrscheinlich Verständnis, Mitgefühl, Wertschätzung, emotionale Verbundenheit und Zärtlichkeit. Wenn sie das dauerhaft nicht bei dir findet und (bei einem anderen Mann) daran schnuppern durfte, was ihre Sehnsüchte sind, dann ist sie schnell auch bereit zu gehen.

2. Nutze dieses Alarmsignal, um Zugang zu deinen eigenen Gefühlen zu bekommen, denn deine Emotionalität erreicht auch deine Frau.

3. Nehme es wirklich ernst, weil es für sie eine tiefere Bedeutung hat, mit einem anderen Mann Sex zu haben, als für dich mit einer anderen Frau.

4. Suche dir und euch Unterstützung, Beratung oder Therapie für einen gemeinsamen Weg, der auch etwas länger sein kann.

5. Jammere nicht herum und gehe nicht in die Opferrolle, das turnt sie total ab.

6. Stehe zu deiner Verletzlichkeit und auch dazu, dass du zunächst nicht weißt, wie du damit umgehen sollst.

7. Werde dir klar darüber, ob du für deine Partnerschaft kämpfen willst oder ob du schon aufgegeben hast, und dann teile ihr deine Entscheidung mit.

8. Wenn du fremdgegangen bist, übernehme die Verantwortung dafür und sage deiner Frau, dass sie dich jederzeit alles fragen kann. Dass du bereit bist, die Konsequenzen zu tragen, die ich bereits oben benannt habe. Bleibe souverän in deiner Männerrolle. Ihr Vertrauen ist erloschen. Jetzt braucht es Zeit, neues aufzubauen. Du kannst ihr durch Geduld und Ehrlichkeit helfen, indem du ihr die beste Version deiner selbst zeigst, ohne dich anzubiedern oder zu verraten.

9. Frage dich immer, ob du es ehrlich meinst oder ob du nur eine Methode anwendest. Sie braucht dich GANZ und echt.

Zum Abschluss des Themas „Fremdgehen" noch Folgendes:

Ich kenne wenige Paare, die es geschafft haben, diese Krise allein zu überwinden. Deshalb hilft oft eine andere Sicht auf die Dinge. Wie sagte Einstein oder wem auch immer dieses Zitat zugeschrieben wird:

„Probleme können nicht mit der gleichen Denkweise gelöst werden, durch die sie entstanden sind."

III.
SEX ERLEBEN ODER ÜBER SEX REDEN

7. Ist dir eure gemeinsame Sexualität wichtig oder willst du weiter nur Pornos schauen?

Der Fernseher läuft, der Tisch ist vorbereitet mit Chips, Nüssen und einem schönen Weißwein. Da kommt er ins Wohnzimmer und stellt sein Bier dazu. Alles ist perfekt für diesen Filmabend, zu dem sie ihn überreden konnte.

„Bitte, Schatz, schau mit mir am Samstagabend Pretty Woman", hatte sie ihn am Mittwoch gebeten. Zunächst hatte er die Augen gerollt, dann versucht, sie zu überreden, das doch mit einer Freundin zu tun. Zum Schluss hatte er eingelenkt, um ihr die Freude nicht zu verderben. Außerdem lockte ihn die Aussicht darauf, dass sich danach vielleicht ein bisschen Nähe und Sex ergeben könnte.

„Mir wäre jetzt eher nach einem Porno."

Nun sitzen sie also gemeinsam vor dem Fernseher und schauen den Film. Während seine Frau mit Hingabe der Handlung folgt, merkt er, dass da irgendetwas in ihm nicht will. „Warum schaue ich hier mit meiner Frau, wie eine Prostituierte einen reichen Kerl abschleppt und von ihm sexuelle Abfuhren erlebt? Sie scheint sich darüber zu freuen, dass dieser Mann gar nichts von ihr will, sondern sie nur für seine Events braucht. Warum zum Teufel schaut meine Frau diesen Film? Und was mache ich hier eigentlich? Mir wäre jetzt eher nach einem Porno. Ist das vielleicht so etwas wie ein Frauenporno? Ich verstehe das nicht." Ein Gedanke jagt den anderen. Ihm bleiben schließlich nur sein Bier und die Nüsse. Ohne darüber nachzudenken, ob er gerade mit seiner Figur zufrieden ist oder nicht, verschlingt er alles, was ihm zwischen die Finger kommt. Dabei nimmt er zunehmend verbittert wahr, wie seine Frau völlig hypnotisiert dem Film folgt. Als er aufsteht, um sich das zweite Bier zu holen, erhascht er einen liebevollen Blick von ihr. „Na, wenigstens etwas", denkt er frustriert.

Als der Film endlich vorbei ist und seine Frau sich noch vor Rührung die Tränen trocknet, stellt er fest, dass er auch heulen könnte. Aber aus einem anderen Grund. Und er tut es natürlich nicht.

Trotz dieser destruktiven Gedanken wagt er es nun, sich seiner Frau zu nähern und ihr einen Kuss zu geben. Während sie gerade den letzten Schluck Weißwein trinken will, schaut sie ihn an, als hätte er ihr eine Ohrfeige verpasst. Irritiert sagt sie: „Schatz, ich bin müde und gehe jetzt schlafen. Heute kann ich mich nicht mehr auf Sex einlassen. Gute Nacht." Mit Schwung steht sie auf, beugt sich noch einmal zu ihm hinunter und erwidert seinen Kuss. Dann geht sie die Treppe hinauf und verschwindet mit den Worten: „Das war ein schöner Abend."

So frustriert und ohnmächtig hat er sich lange nicht mehr gefühlt. Da sie seit einigen Wochen gemeinsam zu einer Paarberatung gehen, fasst er den Entschluss, diesen Abend dort anzusprechen. Und nicht nur diesen Abend, sondern überhaupt das Thema Sex. „Das kann nicht so weitergehen", sind seine letzten Gedanken, bevor er einen alten Western anstellt und die dritte Flasche Bier öffnet.

Eine Woche später:

Heute betritt ein Paar, das ich bereits kenne, meine Praxis. Der Mann hatte mich im Vorfeld eigens kontaktiert, um sicherzugehen, dass das „nächste Mal" über die Sexualität gesprochen wird. Für seine Frau schien es eher ein unbedeutendes Thema zu sein, meinte ich herauszuhören.

Zunächst frage ich nun kurz, wie es dem Paar während der letzten zwei Wochen ergangen ist.

Der Mann legt sofort los: „Ich habe die ganze Zeit überlegt, ob mir das Thema Sex einfach zu wichtig ist. Ob das normal ist. Immer wenn ich ihr näherkomme, werde ich abgewiesen. "

„Sprechen Sie mit ihrer Frau über Sex?"

Ich frage ihn: „Wie kommen Sie darauf, dass das nicht normal ist?"

„Na ja, meine Frau scheint sich nicht wirklich damit zu beschäftigen. Und von Freunden und Bekannten höre ich immer wieder, dass sie Sex haben. Sind wir da die Einzigen mit einem Problem?"

Ich beantworte seine Frage mit einer Gegenfrage: „Wie ehrlich und tief sprechen sie denn mit Freunden oder Bekannten über Sex?"

„Mmmh ... na ja, im Grunde wird immer mal ein Spruch gemacht am Stammtisch und ein wenig gefrotzelt, und so richtig inhaltlich eingestiegen wird nicht. Ich weiß, dass Pornos geschaut werden, aber heimlich", erklärt er. „Mein bester Freund hat gerade andere Sorgen, da ist die Mutter dement. Mit ihm habe ich sonst auch schon mal über Sex gesprochen."

„Sprechen Sie mit Ihrer Frau über Sex?" Ich schaue dabei kurz auch sie an.

„Meine Frau gibt mir immer das Gefühl, dass sich dem viel zu viel Bedeutung gebe und nicht normal bin mit meinen Wünschen", antwortet er und schaut sie dabei vorwurfsvoll an.

Darauf reagiert sie so: „Stimmt ja auch, meine Freundinnen berichten das Gleiche. Mit den Kindern und dem ganzen Stress im Alltag ist das jetzt gerade einfach mal eine Phase, wo Lust auf Sex nicht so viel Platz hat."

Ich wende mich der Frau zu und frage: „Was wollen Sie denn? Ist es für Sie in Ordnung, jetzt ohne Sex zu leben? Oder fehlt er Ihnen auch?"

Sie überlegt einen Moment und sagt dann etwas entspannter: „Na ja, ich vermisse mehr das Kuscheln und die Gespräche, in denen es nicht immer nur darum geht, den Alltag zu planen. Und wenn er mir dann näherkommt und mich berührt, dann will er plötzlich mehr und ich mache zu." Die Blicke der beiden treffen sich.

Ich nicke und sage: „Das ist ein ehrliches Statement. Es ergeht vielen Frauen so." Nun berichte ich von meinen Erfahrungen in der Praxisarbeit.

Sex ist bei jedem Paar, das zu mir kommt, ein Thema. Entweder in der Form, dass es keinen mehr gibt – oder dass es an einer Möglichkeit fehlt, entspannt, klar und liebevoll über Sex zu sprechen. Und gerade muss ich mir vor Augen führen, dass Menschen, die in meine Praxis kommen, nie von einer erfüllten Sexualität sprechen. Ich vermute, dass Paare, die diese Erfüllung leben, auch in anderen Bereichen offen und ehrlich miteinander sind und einfach kein Coaching benötigen. Für mich persönlich zeigt sich häufig mit einem Blick auf die Sexualität zwischen Mann und Frau, wo auch andere Konflikt ungelöst bleiben. Wenn Sex fehlt, wird auch oft Verbundenheit, Liebe und wertschätzende Kommunikation im Alltag vermisst.

Männer beschreiben im Paarcoaching oft, wie sehr sie unter fehlender Sexualität leiden. Frauen reagieren darauf oft genervt und verletzt. Sie fühlen sich auf ein Sexobjekt reduziert und nicht in ihrer Ganzheit gesehen.

Das bedeutet nicht, dass es nicht auch Frauen gibt, die sich mehr Sex wünschen, und Männer, die aus unterschiedlichsten Gründen nicht bereit sind.

Zunächst einmal möchte ich erklären, dass Mann und Frau ihre Verbundenheit und Liebe ganz unterschiedlich spüren. Im Alltag fällt es Paaren häufig schwer, sich genügend Zeit füreinander einzuräumen. Oft wird es versäumt, kleine Gewohnheiten zu etablieren, die Nähe und Verbundenheit möglich machen. Männer können sich nicht selten auch im Alltag vorstellen, kurze Intimitäten, vielleicht auch Quickies zu erleben. Frauen, die generell länger benötigen, sich einzulassen und „warm zu werden", empfinden dieses Vorgehen von Männern häufig als Druck oder sogar Überforderung.

Für viele Frauen ist es extrem anstrengend, neben ihren täglichen Aufgaben offen zu sein für Nähe und Intimität im Alltag und sich darauf einzulassen. Häufig bleiben sie lieber verschlossen, als sich hinterher leerer zu fühlen als vorher. Auch schnell das Bedürfnis des Mannes zu erfüllen und selbst unerfüllt zu bleiben, ist keine positive Erfahrung. Manchmal empfinden es Frauen als „benutzt werden", während der Mann es weder so sieht noch so meint.

Es gibt auch die umgekehrte Form, dass Frauen viel mehr Lust mitbringen als der Mann oder Männer es aufgrund von Erektionsstörungen vermeiden, sexuell aktiv zu sein.

Um eine Lösung zu finden, ist es zunächst wichtig zu verstehen, wie unterschiedlich Männer und Frauen Nähe schaffen. Dabei höre ich oft Folgendes von MANN: „Wenn ich keinen Sex habe und keine Nähe erlebe, kann ich keine tiefen Gespräche führen, da fehlt mir etwas. Ich bin mir dann nicht sicher, ob sie mich noch liebt."

Auf der anderen Seite sagt FRAU: „Wenn du mir nicht zuhörst, nicht mitfühlst, mich nicht wertschätzt und wir nicht reden können, fühle ich mich so weit weg von dir, dass ich mich nicht öffnen kann für Intimität. Dann fühle ich mich benutzt."

Ein Teufelskreis? Nein, nicht wirklich. Es benötigt das gegenseitige Verständnis dafür, dass der Zugang zur Sexualität unterschiedlicher nicht sein kann. Das Gespräch darüber führt oft zu einem gegenseitigen ehrlichen Annehmen der Andersartigkeit des anderen. Und das wiederum führt zu einer größeren Tiefe und Nähe.

Lieber wird geschwiegen oder die Sexualität eingestellt.

Ich möchte auch noch darauf eingehen, wie schwierig es für Männer ist, wenn sie Probleme mit ihrer Potenz haben. Auch darüber haben die wenigsten Männer gelernt zu sprechen. Lieber wird geschwiegen oder die Sexualität eingestellt. Wenn es für beide Partner die richtige Lösung ist, spricht überhaupt nichts dagegen, keinen Sex zu haben. Meistens ist es aber mindestens für einen von beiden unbefriedigend, wenn diese Intimität fehlt. Hier möchte ich alle Männer ermuntern, mit ihrer Frau das Gespräch zu suchen. Frauen lieben es zu reden, sie benötigen das Gespräch und sind dankbar für die gemeinsame Suche nach einer Lösung. Diese kann auch im Tantra, Slowsex, Soulsex oder anderen Richtungen gefunden werden. Dazu findet ihr viele gute Bücher und Hinweise im Internet.

Im nächsten Kapitel werde ich noch näher auf die Gründe eingehen, warum die Zugänge zu Verbundenheit und Nähe von Mann und Frau unterschiedlich erlebt werden.

Hier jetzt für dich wieder einige mögliche Ideen:

1. Stehe zu deiner Sexualität und dazu, dass du dir das wünschst, was du dir wünschst.

2. Respektiere deine Frau mit ihrer Sexualität. Auch wenn sie deinen Wünschen gerade nicht entsprechen kann, darf auch sie so sein, wie sie ist.

3. Redet miteinander oder gesteht euch ein, dass ihr gerade keine Ahnung habt, wie ihr entspannt über Sex reden könnt, ohne euch zu triggern.

4. Gesteht es euch ein, wenn Nähe, Intimität und Sex für euch beide zu wenig Raum bekommen haben und neuen Platz brauchen.

5. Akzeptiere, dass du eine Verbindung über Sex spürst und aufbaust, während sie erst über Miteinanderreden und Zärtlichkeiten in die Verbundenheit findet. Sie muss sich verstanden und wertgeschätzt fühlen, um für Sex offen zu sein.

6. Und wenn es bei euch genau umgekehrt ist und du zunächst Gespräche brauchst, um dich sexuell einlassen zu können, ist das genauso okay. Kommuniziere es, wenn du dich von ihr überrumpelt und bedrängt fühlst.

7. Wenn du eine Sprache findest, dich mitzuteilen, die klar, ehrlich und liebevoll ist (bitte nicht vulgär, das turnt die meisten Frauen ab), dann wirst du sehen und spüren, wie sie sich entspannt. Entspannung heißt Öffnung. Und liebevoll, ehrlich und klar zu sein, kannst du nicht faken. Das spürt FRAU. Lass dich berühren.

Nach diesen Hinweisen möchte ich nun noch einmal auf das Paar im Beispiel zurückkommen. Beide müssen erkennen, dass es zunächst eine neue Wertschätzung für das Thema Intimität benötigt. Einen Neustart zu wagen bedeutet immer, alles ehrlich auszusprechen, was vielleicht schon seit Jahren auf der Seele liegt. Das heißt dann auch, Verletzungen anzusprechen und neues Vertrauen aufzubauen.

Falls es dir so ergeht, dass es fast nicht möglich ist, mit deiner Frau ins Gespräch zu kommen, ohne dass ihr euch gegenseitig triggert, solltest du das Paarcoaching oder die Paarberatung nutzen. Damit gestaltest du einen neuen Anfang. Eine weitere Möglichkeit besteht darin, sich durch den Austausch über dieses Buch wieder anzunähern. Widmet euch dem Kapitel, in dessen Beispielgeschichte ihr euch am meisten wiederfindet. Dann redet über das, was dort besprochen wird. Es ist eine Chance.

8. Möchtest du wissen, was deine Frau wirklich braucht, oder lieber, dass sie dir die Tür vor der Nase zuschlägt?

„Gestern war noch alles Scheiße, heute ist es wieder gut", denkt sie erleichtert und gleichzeitig frustriert. Ihre wechselnden Stimmungslagen infolge hormoneller Schwankungen machen ihr große Sorgen. „Wie soll er es aushalten mit mir, wenn ich es nicht einmal mit mir selbst aushalte?", geht ihr Gedankenkreisen weiter. „Wie soll ich ihm erklären, was ich selbst nicht verstehe? Ich weiß, dass ich ihn liebe, aber ich weiß überhaupt nicht mehr, wie ich es ihm zeigen kann. Sobald er den Raum betritt, habe ich Angst vor Nähe, bin automatisch kühl, damit er gar nicht auf die Idee kommt, mich in den Arm zu nehmen. Obwohl ich mir genau das so sehr wünsche."

„Wie soll ich ihm erklären, was ich nicht verstehe?"

Sie ist von ihren Gedanken so sehr eingenommen, dass sie nicht merkt, wie er in die Küche kommt und sich auf sie zubewegt. Erschrocken fährt sie zusammen, als er plötzlich vor ihr steht.

„Hallo Schatz", sagt er und schaut sie liebevoll an, ohne seine Anspannung preiszugeben. Natürlich hat er ihr Zusammenzucken bemerkt. Sie erwidert dankbar seinen Blick und entspannt sich ein wenig. „Der Streit von gestern steckt ihr noch in den Knochen", denkt er. In ihm selbst brodelt es auch noch immer. Doch er versucht es zu verbergen.

Gemeinsam setzen sie sich an den Küchentisch, um zu essen, was sie zubereitet hat. „Kannst du die Kinder rufen?", fragt sie ihn. Ganz selbstverständlich steht er wieder auf und geht in den Flur. Mit gemütlichen Schritten nimmt er die Treppe nach oben. In den Kinderzimmern sorgt er mit seinem Humor für ein wenig Aufruhr, um die Kinder zu bewegen, herunterzukommen.

„So ist es gut, funktioniert es gut, wir ergänzen uns. Ein eingespieltes Team", denkt sie gerade, als die zehnjährige Tochter die Treppe heruntergerannt kommt und am Tisch Platz nimmt. „Was gibt es heute?", fragt sie hungrig. Da kommen auch Sohn und Mann an den Tisch und setzen sich.

Während sie das Essen auf den Tisch stellt und ein munteres Geplauder losgeht, fühlt sie sich wieder richtig in diesem Familienleben. „Das ist wirklich schön, wie es mit uns ist", denkt sie. Und hätte er die Fähigkeit, ihre Gedanken zu lesen, würde er bestimmt eins zu eins zustimmen.

Doch was nun beide zeitgleich spüren, ist, dass da ein Thema über ihnen schwebt, das sie nicht allein gelöst bekommen. Nähe, Intimität und Sexualität sind zum Streitthema Nummer eins geworden. Es liegt wie eine dunkle Wolke über allem, was ihre Partnerschaft und das Familienleben betrifft. Sie wissen es beide und sind doch so hilflos damit.

Weil dieses für sie so leidvolle Thema immer im Streit zur Sprache kommt, möchte sie endlich darüber reden. „Es wird Zeit, in einem Paarcoaching darüber zu sprechen. Was soll das ganze Herumgerede, wenn nicht wirklich auf den Tisch kommt, was offensichtlich ist? Wenn er es nicht anspricht, tue ich es", beschließt sie.

Zwei Wochen später:

Das Paar sitzt vor mir. Eine extreme Anspannung ist heute zu spüren. Sie schaut verlegen zur Seite. Er schaut mich an.

Ich setze an, meine erste Frage zu stellen: „Was möchtet ihr ...?" (Mittlerweile sind wir schon beim Du.) Weiter komme ich gar nicht. Denn nun legt der Mann los: „Wir müssen jetzt mal über Sex sprechen. So geht das nicht weiter. Ich halte es nicht mehr aus so ganz ohne Nähe und Intimität und Sex." Er schaut seine Frau etwas beschämt und ein wenig vorwurfsvoll an.

Ich wende meinen Blick von ihm zu ihr und frage: „Das scheint mir gerade ein wichtiges Thema zu sein. Es liegt in der Luft."

„Ich kann das nicht", platzt sie leise heraus. „Ich spüre diesen Druck. Als hätte ich keine Wahl. Ich kann nicht von jetzt auf gleich Sex haben. Ich fühle mich schlecht damit und gleichzeitig will ich nicht. Früher hatte ich auch gerne Sex. Jetzt fehlt mir oft die Lust. Wenn er mir dann näher kommt, weiß ich schon, was er will, und dann geht gar nichts mehr."

„Ich kann nicht von null auf hundert auf Sex eingehen."

Während sie spricht, sieht sie auf den Boden. Als sie fertig ist, schaut sie erst ihren Mann an, dann mich.

Beide fühlen sich ohnmächtig und gleichzeitig sind sie froh, dass es nun gesagt ist. Auch ohne jetzt sofort eine Lösung zu haben, entspannen sie sich sichtlich.

Nun fange ich an, dem Paar einige grundlegende Erfahrungen aus meinem Praxisalltag zu schildern. Ich möchte dich daran teilhaben lassen.

Im letzten Kapitel habe ich beschrieben, wie unterschiedlich Mann und Frau in Verbindung gehen und was sie benötigen, damit es gelingen kann, dauerhaft Intimität und Nähe in der Partnerschaft zu erleben.

Ich habe entdeckt, dass im tieferen Gespräch über die Sexualität immer wieder etwas zur Sprache kommt, was zunächst sehr verborgen scheint. Oft haben weder Männer noch Frauen gelernt, über Sex und Intimität eine Form des Austausches zu finden, der für beide gleichermaßen passend ist. Es fällt ihnen schwer, sich im „normalen" Lebensalltag Zeit zu nehmen und Gelegenheiten zu schaffen, die ein entspanntes Gespräch möglich machen. Fast niemand hatte Eltern, die vorbildlich miteinander kommunizierten. Über Sex wurde nicht gesprochen, somit fehlt es an jeglicher Sprache. Da es schnell zu Missverständnissen kommt, wird oft mindestens einer der Gesprächspartner den Versuch, über Sex zu reden, im Keim ersticken.

Eines dieser Missverständnisse entsteht dadurch, dass bereits der Wunsch nach einem Gespräch über Sex entweder die Frau oder den Mann unter Druck setzt. Es wird als Vorwurf missverstanden, wenn einer über Sex sprechen will. Ein harmloser Satz wird dann auch schnell als Angriff gedeutet. Es werden oberflächliche Gründe dafür gesucht, warum alles gegen Sex spricht. Keine Zeit, keine Lust, keine Gelegenheit und keine ausreichende Verbundenheit, sind die häufigsten Ausreden.

Ein tieferes Gespräch darüber, wann und warum die Lust und Leidenschaft, die es bei den meisten Paaren am Anfang ihrer Partnerschaft gab, verloren gegangen sind, kann sich nicht entwickeln. Weil sich beide unverstanden fühlen, reagieren sie gegenseitig auf ihre Trigger. Meist endet auch der Versuch, ins Gespräch zu kommen, an der gleichen Stelle wie immer.

Deshalb möchte ich mit dir als Mann ein wenig von dem teilen, was Frauen mir zurückmelden, wenn ich im Coaching mit ihnen allein spreche.

Frauen erleben nach der Geburt von Kindern häufig lange Zeiten, in denen es ihnen an Lust fehlt. Und durch die vielen Aufgaben im Alltag erscheint es manchmal so, als sei es FRAU unwichtiger als MANN, die Intimität zu erhalten.

Häufig zeigt sich im Gespräch mit Frauen aber etwas anderes. Das, was sie meistens nicht mehr wollen, ist die „alte" Art der Sexualität. Sie haben vielleicht ein oder mehrere Kinder geboren oder sind einfach nur älter geworden und vermissen etwas Sanfteres, Weiblicheres in der Intimität mit MANN. Sie wollen sich nicht mehr mit Dingen zufriedengeben, die ihnen keine Freude machen. Und sie wollen sich selbst nicht mehr „verraten".

> **Das, was sie meistens nicht mehr wollen, ist die „alte" Art der Sexualität.**

Damit spreche ich einen Punkt an, der für viele Frauen sehr im Unbewussten liegt und sehr viele Verletzungen birgt. Wenn ich mit ihnen über Sexualität spreche, bricht es manchmal aus ihnen heraus, wie oft sie in ihrem Leben bereits „dem Mann zuliebe" etwas mitgemacht haben. Sie selbst haben vielfach keine oder nur wenig Freude daran verspürt.

Sie haben sich damit quasi selbst „verraten" – und den Mann noch dazu. Und jetzt, wo er eine bestimmte Art der Sexualität gewohnt ist, trauen sie sich nicht, mit ihm darüber zu sprechen. Die Angst, auf Unverständnis oder Widerspruch zu stoßen, ist zu groß. Genauso wenig möchten sie ihren Partner verunsichern. Es fehlt ihnen außerdem auch an Werkzeugen, die Kommunikation so zu lenken, dass sie nicht selbst wieder getriggert werden und anfangen, sich zu rechtfertigen. Deshalb sagen sie lieber nichts – oder weisen Sex von sich.

Die meisten Frauen schweigen lieber und verzichten. Dies alles geschieht bei vielen Frauen unbewusst. Es kommt erst zum Vorschein, nachdem der Mut aufgebracht wurde, darüber zu sprechen. Die meisten Frauen schweigen lieber und verzichten. Und das, obwohl FRAU eine große Sehnsucht danach hat, Nähe, Intimität und Sexualität zu erleben. Sie möchte es aber bitte endlich so, wie sie es genießen kann.

Dabei zeigt sich oft ein zusätzliches Problem, nämlich gar nicht zu wissen, was man überhaupt möchte. Nach jahrelangem, manchmal auch lebenslangem Kümmern um andere weiß sie haargenau, was die Kinder, der Mann, die Eltern und andere brauchen. Die eigenen Bedürfnisse sind aber häufig unbekannt oder so in den Hintergrund getreten, dass sie erst langsam wieder erweckt werden müssen.

Das Gehirn muss quasi alte Synapsen wieder verbinden oder sogar neue bilden. Das ist zunächst Arbeit, denn es ist etwas, das nie geübt wurde und auch keine Routine werden kann, wenn es nicht gelebt wird. Du als Mann kannst sie dabei unterstützen. Höre nicht auf, danach zu fragen, was sie sich wünscht.

Ich möchte dich einladen, aktiv zu werden, wenn du dich hier gerade angesprochen fühlst. Folgendes ist absolut hilfreich für deine Frau:

1. Fang an zu reden über das, was du dir mit ihr wünschst und was dir fehlt.

2. Bitte lausche ihr und frage sie zwischendurch, wie es ihr gerade geht, wenn du mit ihr über Sex sprichst. Lass sie ausreden und kommentiere auch danach nicht, was sie gesagt hat.

3. Sei mitfühlend, wertschätzend und milde mit ihr. Und auch mit dir, wenn du sie vielleicht nicht sofort verstehst. Frage weiter, bis du sie verstanden hast.

4. Wenn du merkst, dass dein Frust dich dazu verleitet, die Stimme zu erheben, um deutlicher zu werden, beschreibe lieber, was gerade in dir vorgeht: „Ich möchte jetzt am liebsten laut schreien, weil ich mich so hilflos fühle, und es fällt mir so schwer, es nicht zu tun." Und dann beherrsche dich.

5. Deine Frau braucht keine Vorwürfe, sondern emotionale Nähe im Gespräch. Und einen präsenten Mann, der für sie da ist und sie in den Arm nimmt, wenn sie es zulassen kann.

6. Sie braucht auch jemanden, der immer wieder fragt: „Was wünschst du dir? Was kann ich für dich tun?", selbst wenn sie diese Fragen noch nicht beantworten kann.

7. Wenn du unsicher bist und dir die richtigen Worte fehlen, sage es ihr: „Ich bin unsicher, ich habe keine Worte für das, was ich gerade fühle."

8. Viele Frauen verbinden mit der Sexualität traumatische Erfahrungen. Falls dies bei deiner Frau oder auch bei dir selbst so ist, dann holt euch bitte, bitte psychotherapeutische Unterstützung. Das ist wirklich wichtig, damit das erlernte Streitmuster nicht immer wieder zur gegenseitigen Retraumatisierung führt.

9. Heilung von Traumata durch eine ehrliche, liebevolle Paarbeziehung ist aus meiner psychotherapeutischen Sicht eine große Herausforderung. Gleichzeitig ist es die wirkungsvollste Art, Traumata hinter sich zu lassen. Als Paar kann man sich durch neue, erfüllende Erfahrungen gegenseitig nähren.

Und dann erhältst du die volle Liebe von ihr. Und jetzt kommt dein Gewinn, dein absoluter Hauptgewinn: Es könnte sein, dass du dich gerade fragst, wo du denn bleibst mit deinen Bedürfnissen, wenn du ihr deine allumfassende Aufmerksamkeit schenkst.

Wenn du dich voll darauf einlassen kannst, ihr mit Verständnis und Neugierde zu begegnen, weil du sie wirklich, wirklich kennenlernen willst, dann wirst du sie in der Tiefe berühren. Und dann schenkt sie dir ihre ganze Liebe.

Und falls du es bildlicher brauchst: Stelle dir vor, du bereitest alles dafür vor, dass sie sich entspannt und sich geliebt und gesehen fühlt. Sie ist weit offen für dich. Und sie wird dich willkommen heißen und dich eintreten lassen in ihr Reich. So kannst du dich mit allem in ihr zeigen und sie wird sich von innen berührt fühlen. Das ist keine Methode, das würde sie sofort spüren. Nein, das ist tiefes Einlassen. So etwas macht oft zunächst Angst. Doch es lohnt sich.

Das Paar im Beispiel oben folgt meinen Ausführungen aufmerksam. Dem Mann tut es sehr gut zu hören, dass es Möglichkeiten gibt, einen neuen Zugang zur Sexualität zu finden. Er gibt auch zu, sehr verunsichert zu sein, und will von seiner Frau wissen, ob der bisher gelebte Sex für sie überhaupt schön war. Es gelingt den beiden ein erstes entspanntes Gespräch über das Thema, was bisher nur für Missverständnisse gesorgt hatte. Für weitere Themen sind sie sehr offen.

9. Die Verantwortung zu übernehmen ist sexy, Opfer sein nicht

Ein Schrei durchbricht die winterliche Samstagnachmittagstille: „Mama, Mamaaa!" Das ist Alex, ihr zehnjähriger Sohn. Frustriert ruft er in seinem Zimmer nach ihr. „Der Rolf stellt mir den Computer aus", beschwert er sich über ihren Mann. Da macht sich aus dem Nebenzimmer die Vierzehnjährige lautstark bemerkbar: „Na endlich, dein Scheißballerspiel geht mir so was von auf die Nerven!"

Wie aufgescheucht läuft sie die Treppe hoch und stürzt in das Zimmer ihres Sohns. Dieser starrt fassungslos auf den schwarzen Bildschirm. Dabei schreit er wütend und heulend: „Nein, ich darf noch! Mama hat es mir versprochen!" Ihr Mann steht unbeeindruckt daneben. Er hat tatsächlich den Ausknopf gedrückt.

„Was ist denn hier los?", fragt sie die beiden, um zu beschwichtigen.

„Du hast mir versprochen, dass ich noch 30 Minuten mit meinen Freunden Fortnight spielen darf. Alle anderen sind auch noch im Spiel. Mach wieder an!", ruft er bestimmend.

„Du kannst mir doch nicht so in den Rücken fallen."

Um dem Geschrei ein Ende zu bereiten, drückt sie auf den Startknopf. Der Computer fährt neu hoch, und keine zwei Minuten später ist Alex wieder voll konzentriert im Spiel.

Dafür ist Rolf jetzt wütend: „Das ist nicht dein Ernst! Du kannst mir doch nicht so in den Rücken fallen. Jetzt habe ich ihn nach zwei Stunden Spielen gerade aufgefordert, Schluss zu machen. Er hat es nicht getan, da habe ich ausgestellt. Und du lässt ihn weiterspielen?" Kopfschüttelnd verlässt er den Raum.

„Ich hatte ihm eben noch 30 Minuten versprochen", erwidert sie ein wenig kleinlaut.

„Die sind aber längst um", kontert er zornig.

Verärgert und frustriert geht er die Treppe hinunter, betritt das Wohnzimmer und wirft sich aufs Sofa.

„Jetzt ist mir alles egal", grummelt er vor sich hin, während er oben im Zimmer des Jungen die Stimme seiner Frau hört: „Noch 10 Minuten, dann ist endgültig Schluss!"

Augenrollend greift er nach seinem iPad und macht da weiter, wo er mit seiner Recherche nach Infos zu Wärmepumpen und Solaranlagen vorhin aufgehört hatte.

Als sie die Treppe herunterkommt, schaut er kurz auf, verkneift sich einen Kommentar und tut dann, als habe er Wichtigeres zu tun, als jetzt zu streiten.

Doch sein Entschluss steht. Wenn sie schon Paarberatung machen, dann muss dieser Streit beim nächsten Termin auf den Tisch.

Zwei Wochen später:

Auch mit dem Paar von heute bin ich mittlerweile per Du. Beide haben ihre Anfangsskepsis verloren und möchten alles dafür tun, um ihre Partnerschaft zu erhalten. Beide hatten schon eine Ehe hinter sich, als sie sich kennenlernten, und haben auch jeweils ein Kind in die neue Beziehung mitgebracht. Sie sind es leid, sich zu streiten, und haben gleichzeitig keine Lust, sich erneut von jemandem zu trennen. Seit vier Jahren sind sie nun ein Paar. Sie merken, dass sich Situationen wiederholen, die sie bereits in ihrer jeweils vorherigen Ehe schrecklich fanden.

Er ist genervt und ein wenig wütend, als er heute beginnt, darüber zu sprechen: „Es gibt Dinge, die machen mich rasend bei meiner Frau. Die haben mich auch schon bei meiner Ex genervt und aufgeregt. Und wenn ich es anspreche, dann wird sie still, sagt gar nichts oder erklärt mir umfangreich, warum sie das so macht. Dabei ist doch offensichtlich, dass sie falsch liegt. Sie ist viel zu nachgiebig. Wir haben viel Streit um unseren Umgang mit ihrem Sohn und meiner Tochter. Immer wieder schafft sie es, mich wütend zu machen."

„Wie siehst du diese Situationen?", frage ich die Frau.

„Na ja, ich bin eben nicht so streng, und wenn mein Sohn dann etwas länger am PC spielt als vereinbart, dann lasse ich ihn auch mal. Ich mag es harmonisch. Ich habe es satt zu streiten. Und wütend machen will ich niemanden."

> **„Immer wieder schafft sie es, mich wütend zu machen."**

„Das kannst du auch gar nicht, die anderen wütend machen", sage ich.

Dagegen legt er sein Veto ein: „Natürlich tut sie das. Sie weiß genau, wie ich dazu stehe, wenn Alex zu lange am PC sitzt."

„Er fragt eben oft, ob er noch eine halbe Stunde länger darf.

Dann sage ich Ja, wenn er gerade viel Spaß hat. – Bei Sarah lass ich auch mehr durchgehen als du", kontert sie.

So könnte die Diskussion stundenlang weitergehen und zu keiner Lösung führen, weil beiden Seiten immer neue Argumente einfallen, obwohl es meistens um etwas anderes geht. Hier ist es offensichtlich der Konsum von Medien. Ich finde es gerade in der heutigen Zeit sehr wichtig, dass Paare bezüglich der Kinder an einem Strang ziehen. Gemeinsame Werte können dabei helfen. Klare Regeln sind nötig, gleichzeitig eine das Alter der Kinder berücksichtigende Flexibilität. Viele Frauen, die den Wert „Harmonie" an allererster Stelle sehen, tragen einen großen Wertekonflikt in sich. Denn Harmonie und klare Regeln widersprechen sich in ihren Augen. Die Lösung liegt darin, konsequent zu sein und klare Grenzen zu ziehen, um den Kindern Orientierung zu geben – und gleichzeitig liebevoll und zugewandt zu sein.

Die Harmonie muss nicht darunter leiden, wenn Regeln mit den Kindern besprochen und dann auch durchgesetzt werden. Natürlich freut sich kein Kind darüber, wenn es sein Spiel abbrechen muss. Und doch wird es darüber hinwegkommen. Es darf wütend sein und erleben, dass die Regel gilt. Das verlangt von den Eltern Präsenz und genügend Zeit, um dranzubleiben. Dies stellt oft eine echte Herausforderung dar. Im Alltag einer Familie, der häufig voller Verpflichtungen ist, wünschen sich am Ende des Tages alle Ruhe und Entspannung. In Patchwork-Familien benötigt es zusätzlich noch besondere Absprachen, wenn beide Partner Kinder haben. Wichtig ist es zu klären, wie die Verantwortlichkeiten aussehen und wer wann wofür zuständig ist.

Dieser kleine Ausflug in den Alltag eines Paares war mir wichtig, weil es aus meiner Sicht einer grundsätzlichen

Wertschätzung bedarf für das, was eine Familie täglich an neuen Herausforderungen bewältigen muss. Das ist nicht immer einfach, deshalb braucht es Milde mit sich selbst und mit den anderen Familienmitgliedern.

Nun zurück zu dem, was ich auch dem Paar aus meinem Beispiel beschrieben habe. Und zurück zum Thema Verantwortung.

Niemand kann den anderen „wütend machen", genauso wenig, wie es möglich ist, den anderen traurig, ohnmächtig oder fröhlich zu machen. Die Verantwortung für die eigenen Gefühle trägt jeder für sich. Auch die Verantwortung für seine Gedanken und für seine Handlungen sind bei jedem selbst angesiedelt. Er oder sie ist zu 100 Prozent für sich selbst und alles verantwortlich, was gefühlt, gedacht und getan wird.

Für eine erfüllte Partnerschaft hat aus meiner Sicht jeder genau 50 Prozent Anteil an jedem Konflikt – und das immer. Anders ist Augenhöhe für mich nicht möglich. Sobald jemand dem anderen mehr als 50 Prozent der Schuld zuweist oder selbst an sich reißt, kommt es zu einer Schieflage. „Mein Mann ist der Kranke" oder „Meine Frau hat das Problem" sind Aussagen, die zu keiner Lösung führen, weil sich der eine über den anderen stellt und sich damit seiner eigenen Verantwortung entzieht.

Ich treffe Paare in meiner Praxis, die es sehr unterschiedlich mit der Verantwortung halten. Manchmal begegnet mir das Phänomen, dass einer der beiden bei jedem Konflikt zunächst den anderen verantwortlich macht. Die andere Person neigt vielleicht dazu, zunächst bei sich selbst zu schauen, was sie falsch gemacht hat. Solange es einen gesunden Ausgleich gibt, sodass beide über beide Möglichkeiten verfügen, gibt es genügend Flexibilität, um Konflikte auch gut zu lösen.

Wenn aber die Muster sehr eingefahren und einseitig sind, dann begegnet sich das Paar nicht mehr auf Augenhöhe. Die Kommunikation ist in diesem Fall geprägt von Vorwürfen und Rechtfertigungen. Außerdem gibt es dann immer wiederkehrende Gefühle der Ohnmacht beim einen und der Macht beim anderen. Es geht nicht darum, Lösungen zu finden, sondern dem anderen sein Fehlverhalten aufzuzeigen, während gleichzeitig keine Reflexion des eigenen Verhaltens erfolgt. Dieses Muster wird häufig als toxisch oder ungesund empfunden.

Die Lösung liegt darin, sich selbst zu reflektieren.

Die Lösung liegt darin, sich selbst zu reflektieren. Gibt es eine Neigung zur Projektion des Problems auf den anderen? Oder findet eine Introjektion (das Problem bin immer ich) statt? Beide tief greifenden Muster sind keine Böswilligkeit, sondern in der Kindheit erlernte Verhaltensweisen. Sie haben dazu gedient, im Herkunftssystem zu überleben und die Kontrolle zu bewahren. Ein ehrlicher, wertschätzender Umgang in der Partnerschaft ist aber nur dann möglich, wenn beide Partner die Verantwortung für das jeweils eigene Muster übernehmen. Es braucht die Bereitschaft, dem anderen zuzuhören und die Perspektive zu wechseln, ohne recht haben zu wollen.

Ich höre häufig Proteste gegen die 50-50-Verantwortung in der Partnerschaft. Dazu möchte ich Folgendes erklären:

Wenn ein Partner zum Beispiel ein Suchtproblem hat oder

108

eine psychische Erkrankung, wie etwa eine Depression, erscheint es zunächst offensichtlich, dass sein prozentualer Anteil am Paarproblem größer ist. Ich sehe das dennoch anders. Beim Umgang mit einer Erkrankung des Partners oder der Partnerin ist es immer noch wichtig, die eigenen 50 Prozent zu erkennen. Diese bestehen im Fall einer Suchterkrankung oder psychischen Erkrankung häufig in einer Co-Abhängigkeit. Sie ist stets die andere Seite der Medaille. Hier gilt es auch der Frage nachzugehen: Warum bleibe ich als Partnerin eines suchtkranken Mannes an seiner Seite? Was habe ich davon? Und woher kenne ich vielleicht diese Abhängigkeit?

Es gibt auch viele co-abhängige Männer, da gilt natürlich das Gleiche. In jeder Co-Abhängigkeit ist das eigene Wohlergehen davon abhängig, ob es dem anderen gerade gut oder schlecht geht. Geht es dem anderen schlecht, wird alles gegeben, damit es ihm gut geht. Es ist nicht mehr möglich, gut für sich selbst zu sorgen. Ein schwer aufzulösendes Dilemma, weshalb in einem solchen Fall unbedingt psychotherapeutische Hilfe ratsam ist.

Eines möchte ich noch zum Thema Verantwortung und Gewalt sagen. Oft werde ich hier falsch verstanden. Der Partner (hier möchte ich Männer und Frauen ansprechen), der verbale und körperliche Gewalt an Frau/Mann und Kindern ausübt, ist zu 100 Prozent verantwortlich für sein Denken und Fühlen, das zu einer Gewalttat führt, genau wie für sein Handeln. Daran hat die misshandelte Person null Prozent Anteil. Der Täter kann strafrechtlich verfolgt werden und muss damit rechnen, verurteilt zu werden. Auch dafür ist er zu 100 Prozent selbst verantwortlich. Warum ist das so?

Da das Opfer durch Gewalt häufig schwer traumatisiert ist

und sehr wahrscheinlich auch schon traumatisiert in die Partnerschaft gegangen ist, würde ich hier nicht von einer gesunden Paarbeziehung ausgehen, in der 50-50-Verantwortung zum Gelingen beiträgt. Diese Täter-Opfer-Beziehungen sind für mich pathologisch und erfüllen daher nicht meine Definition von Partnerschaft auf Augenhöhe. Meistens geht in diesen Paarbeziehungen der Täter zu 100 Prozent davon aus, dass das Opfer Schuld hat an seinem Ausbruch. Das Opfer glaubt wiederum, den Täter aus Versehen provoziert zu haben, und nimmt die ganze Schuld auf sich. So etwas braucht psychotherapeutische und oft auch psychiatrische Hilfe. Auch das Aufdecken und Anzeigen dieser Gewalttaten ist wichtig, um Menschen zu schützen.

Noch einmal zurück zum Thema Verantwortung für Gefühle, Gedanken und Handlungen.

Jeder Mensch hat seine ureigenste Form der Wahrnehmung eines Geschehens. Genauso fühlt jeder Mensch anders als ein anderer und macht sich andere Gedanken zu dem, was gerade geschieht. Das alles ist fast immer unbewusst und ist dadurch nur schwer als selbst kreiert und selbst zu verantworten zu erkennen.

Jeder Mensch hat seine ureigenste Form der Wahrnehmung vom Geschehen.

Der Mann im obigen Beispiel sagt, dass seine Frau ihn wütend macht. Damit gibt er die Verantwortung für sein Gefühl ab. Wenn ich mir die Situation unter der Lupe anschaue, zeigt sich Folgendes: Die Tatsache, dass seine Frau ihrem Sohn erlaubte, 30 Minuten länger zu spielen, löste bei dem Mann Gedanken und Gefühle aus, mit denen er sich selbst wütend gemacht hat.

Der Mann könnte jedoch, sobald er Klarheit über seine Verantwortung besitzt und mit seiner Frau eine Vereinbarung getroffen hat, in der nächsten Situation anders reagieren. Dazu benötigt es das Wissen über seine Tendenz, wütend zu werden. Es braucht zudem den klaren Entschluss, das nächste Mal einen anderen Weg zu gehen.

Der Dialog könnte wie folgt aussehen:

„Okay, Schatz, Alex möchte noch 30 Minuten länger als vereinbart spielen. Dann stelle ich mir jetzt den Wecker auf 30 Minuten und gehe anschließend hoch, um den PC abzustellen. Ich mache das heute. Ich weiß, dass es dir gerade schwerfällt, so etwas durchzuziehen. Gut, dass wir zu zweit sind. Und wenn meine Zündschnur mal wieder zu kurz ist, um es ruhig und klar zu lösen, frage ich dich, ob du es tun kannst."

So sieht für mich Verantwortung und ein klares, liebevolles und wertschätzendes Miteinander aus. Gemeinsame Regeln werden ernst genommen und umgesetzt.

Es ist nicht ganz einfach, gemeinsam dort hinzukommen. Das fordert immer wieder die Disziplin, die eigenen Gefühle zu erkennen und sich nicht von ihnen und den dazugehörigen destruktiven Gedanken verführen zu lassen. Alte Muster sind einfach sehr hartnäckig. Dazu mehr im Abschnitt „Wenn dich die Vergangenheit einholt".

Vielleicht fragst du dich die ganze Zeit, warum dieses Kapitel zum Thema Verantwortung in diesem Buch im Teil über Sexualität eingeordnet ist. Dazu komme ich jetzt.

In meiner Arbeit mit Paaren zeigt sich immer wieder, dass eine Neigung, den jeweils anderen für Missstände verantwortlich zu machen und seine 50 Prozent der Verantwortung nicht zu übernehmen, sich extrem auf die Sexualität auswirkt.

Jede Beschwerde darüber, dass etwas nicht gut läuft, fehlt oder zu viel ist, Druck aufbaut oder abturnt, lässt mangelnde Kommunikation und damit fehlende Verantwortung erkennen. Es braucht immer beide Menschen, um zu einem gesunden und erfüllenden Umgang mit Sexualität zu kommen. Und immer muss der, der Druck spürt, anfangen. Der, dem etwas fehlt, hat zu reden. Das ist seine Verantwortung. Der andere ist vielleicht ganz woanders. Er findet es möglicherweise sogar entspannt, keinen Sex zu haben. So wird er oder sie nicht mit der eigenen Unlust konfrontiert oder mit fehlender Erektionsfähigkeit oder damit, dass der früher gewohnte Sex nicht erfüllend war.

Wer sich quält, muss die Verantwortung übernehmen oder weiterleiden.

Was für den einen bequem ist, weil er nicht darüber reden muss, ist für den anderen qualvoll. Wer sich quält, muss die Verantwortung übernehmen – oder weiterleiden. Das eine bedeutet dann, in ein konstruktives Gespräch einzusteigen oder sich zunächst über die Problematik zu informieren. Ein Coaching zu buchen kann hilfreich sein, aber auch, mit Freunden darüber zu reden. Das andere heißt, sich zurückzuziehen, beleidigt zu sein, Opfer zu sein oder dem anderen durch Vorwürfe und Wutausbrüche den letzten Rest an Lust zu nehmen.

Wenn du beim Lesen dieser Zeilen denkst: „Er (sie) muss doch merken, dass ich unglücklich bin. Ich muss doch nicht alles ständig aussprechen, das weiß er (sie) nun wirklich auch so", dann gibst du damit bereits die Verantwortung ab. Sobald du etwas „erwartest", bist du in einer unbefriedigenden Warteschleife und hoffst darauf, der andere möge endlich das „Hellsehen und Gedankenlesen" erlernt haben. Es ist okay zu warten, und es ist okay zu leiden. Nötig ist es nicht.

Zum Thema Erwartungen habe ich später noch etwas für dich. Doch bevor es jetzt weitergeht mit dem Thema Sexualität und damit, was SIE abturnt und vielleicht auch dich selbst, noch eine kurze Zusammenfassung:

1. In einer gesunden Partnerschaft auf Augenhöhe trägt jeder 50 Prozent Verantwortung für das Gelingen.

2. Jeder ist für sein Fühlen, Denken und Handeln in einer konkreten Situation selbst verantwortlich.

3. Die Wahrnehmung einer Situation ist bei jedem Menschen anders. Sie ist geprägt von der eigenen Kindheit und individuellen Erfahrungen, insbesondere der erlernten Kommunikation und dem gewohnten Umgang mit Konflikten.

4. Wenn du dich als Opfer siehst und dich ohnmächtig fühlst, ist das völlig okay für den Moment. Wisse einfach, dass du erwachsen bist und selbst verantwortlich. Dieses Gefühl geht vorbei, so wie alle Gefühle.

5. Wenn du Sex in deinem Leben willst, übernehme die Verantwortung dafür und fang an, mit deiner Frau zu reden.

Ich kann dir versprechen, dass die konsequente Übernahme deiner 50 Prozent euch beide entspannter machen wird. Eure Kommunikation wird sich verbessern und deine Selbstreflexion wird dir Spaß machen. In Augenhöhe zu leben macht Freude. Und nicht länger recht haben zu müssen ist befreiend. Es lohnt sich, daran zu arbeiten, braucht jedoch auch Geduld auf beiden Seiten.

Das Paar aus dem obigen Beispiel muss sich eingestehen, dass sie mit der 50-50-Regelung nicht so ganz einverstanden sind. Jeder sieht doch eher beim anderen mehr als 50 Prozent Anteil am Konflikt. Vielen Paaren geht es am Anfang so. Gleichzeitig stellt sich immer im Laufe der Zeit heraus, dass es sehr entlastend ist, einen gleichen Anteil am Gelingen der Partnerschaft zu haben.

10. Kannst du in deiner Rolle als Mann bleiben oder willst du sie abturnen?

Samstagmorgen, endlich Wochenende. Freude kommt auf, als er so langsam wach wird. Jetzt dreht er sich nach rechts, um zu schauen, ob seine Frau schon Lebenszeichen von sich gibt. Ihre Hälfte des Betts ist leer, sie scheint schon aufgestanden zu sein. Ein kurzer Blick zur Uhr zeigt ihm, dass es bereits 8.30 Uhr ist. Ungewöhnlich lange hat er geschlafen. Nach stressigen Wochen im Job war das wohl nötig gewesen. Die Vorfreude auf den heutigen Samstag, an dem er sich ganz der Gartenarbeit widmen will, ist groß. Die Wettervorhersage hat sonniges Frühlingswetter mit Temperaturen über 20 Grad angekündigt. Er sieht sich in Gedanken schon am Abend nach getaner Arbeit bei einem Glas Bier mit seinem Nachbarn auf der Terrasse sitzen. Der Garten entspannt ihn sehr. Sich um die Pflanzen, den Rasen und die Hecke zu kümmern, empfand er schon immer als den passenden Ausgleich zum vielen Sitzen bei seiner Arbeit im Büro.

Bereits gartengerecht angezogen, macht er sich kurze Zeit später gut gelaunt über die Holztreppe auf den Weg nach unten. Kaffeeduft strömt ihm entgegen. Seine Frau ist schon wieder fleißig. Als er in die Küche kommt, zeigt sie sich verwundert über sein langes Schlafen. „Guten Morgen, Schatz. Es wird aber auch langsam Zeit, es gibt viel zu tun heute."

Noch lässt er sich nicht aus der Ruhe bringen und erwidert: „Ja, der Garten gehört heute mir."

Erstaunt schaut sie auf. „Wie? Du wolltest doch endlich die Flaschen zum Container bringen, und dann könntest du auch direkt Getränke mitbringen. Wir haben kein Wasser mehr. Und all die Kisten im Keller müssen nun auch wirklich mal weg, die kannst du mitnehmen."

Innerlich kündigt sich in ihm bereits die erste Stresswelle an. Noch kann er aber ruhig bleiben. „Das mit den Flaschen ist doch heute nicht so wichtig, das Wetter schreit nach Gartenarbeit. Außerdem gibt es jetzt erst einmal Kaffee und ein Frühstück für mich."

„Wir haben doch nur den Samstag, um alles zu erledigen, was in der Woche liegen bleibt", insistiert sie.

„Ja, und ich habe auch nur den Samstag, um Gartenarbeit zu machen", brummt er, nun nicht mehr so entspannt. Er weiß, wenn es jetzt so weitergeht, werden sie gleich streiten, und dazu hat er überhaupt keine Lust. Also schnappt er sich einen Kaffee und verschwindet zunächst einmal auf die Terrasse. Frische Luft schnappen und durchatmen.

Bei offener Terrassentür hört er seine beiden Söhne, den achtjährigen Jan und den elfjährigen Niklas, die Treppe hinunterpoltern. Lautstark diskutieren sie darüber, wer heute wo Fußball spielt. „Hey, jetzt mal leise, was ist los?", ruft er fragend ins Haus.

Es stellt sich heraus, dass die beiden vergessen hatten zu erzählen, jeweils um 14 Uhr zum Fußballspiel antreten zu müssen. Während der Achtjährige bei einem Heimspiel als Torwart eingeplant ist, muss der Elfjährige auswärts für seine Mannschaft spielen. Und es gibt noch keine Fahrer, für beide nicht.

Seine Stimmung kippt nun schlagartig. Die Gartenplanung

entschwindet ins Land der Träume und um seine gute Laune ist es geschehen.

„Papa fährt dich zum Auswärtsspiel", sagt sie jetzt zu Niklas. „Und ich fahre Jan, dann kann ich auf dem Rückweg noch einkaufen."

„Moment mal, werde ich vielleicht auch gefragt?", protestiert er lautstark. „Wieso entscheidet meine Familie ohne mich?"

„Es geht eben nicht anders", erklärt sie, nunmehr voll in ihrem Element, als es darum geht, die Planung zu übernehmen. Widerspruch zwecklos.

Resigniert verbringt er den Nachmittag auf dem Fußballplatz mit Niklas. Er steht am Spielfeldrand, debattiert mit anderen Vätern und Müttern darüber, ob ein Foul jetzt hätte gepfiffen werden müssen oder ob der Trainer die Spieler auswechseln sollte. Ehe er sich's versieht, ist der Samstagnachmittag vorbei. Gegen 17.30 Uhr treffen alle wieder zuhause ein.

Der Garten sieht noch genauso aus wie am Morgen. Und ein Blick zum Nachbarhaus zeigt: Der Nachbar trinkt bereits sein Feierabendbier auf der Terrasse. Frust macht sich in ihm breit – und wird noch gesteigert durch einen Kommentar seiner Frau: „Du hättest auf dem Weg wenigstens die Flaschen wegbringen können. Wasser holen muss ich jetzt auch wieder allein."

„Hättest ja was sagen können", ist das Einzige, was ihm dazu einfällt.

Mit zwei Flaschen Bier bewaffnet, macht er sich verärgert

auf den Weg zum Nachbarn, um wenigstens eines seiner Tagesziele noch zu erreichen.

Er ist wie ein drittes Kind. Sie schaut zeitgleich aus dem Fenster und ist ebenfalls frustriert. „Warum verhält er sich wie ein trotziges Kind? Das muss in der nächsten Paarberatung zum Thema werden", beschließt sie.

Zwei Wochen später:

Heute sitzen in den Sesseln vor mir: eine sichtlich angespannte Frau und ein sehr selbstbewusst wirkender Mann. Dessen Selbstbewusstsein hält allerdings nur so lange, bis sie Dampf ablässt und loslegt mit dem, was sie heute zu sagen hat.

„Also, ich muss das hier einmal ansprechen. Ich kann nicht mehr so weitermachen. Ständig muss ich meinem Mann alles sagen, was er tun soll, mich um alles kümmern, was Kinder, Haus und Einkauf angeht, schauen, ob er das, was er machen wollte, auch wirklich getan hat, weil er sonst vergisst, was er versprochen hat. Er ist wie ein drittes Kind. Und ich bin es leid, keine Unterstützung zu bekommen. Er sieht auch nie, was anfällt, alles muss ich ihm sagen."

Während sie spricht, sinkt der Mann in seinem Sessel langsam in sich zusammen. Ärgerlich und gleichzeitig verlegen atmet sie tief durch und ist froh, dass es raus ist.

Ich frage ihn nach seiner Deutung der Situation.

Er freut sich, auch gefragt zu werden, um einiges richtigzustellen. „Ich versuche schon, alles zu tun, was ich sage. Ich kann dir (er schaut seine Frau böse an) aber gar nichts recht machen. Du bestimmst darüber, was ich zu tun habe, und schreibst dann auch noch vor, wie ich es tun muss. Du bist Kontrolletti bei uns zuhause. Alles muss nach deiner Pfeife tanzen. Siehe den Samstag vor zwei Wochen: Meine Pläne waren ganz andere. Da ich nicht einsehe, darüber zu streiten, mache ich dann, was du sagst, und anderes fällt eben weg. Mach demnächst am besten alles allein, dann passt es auch für dich", beendet er frustriert den Satz.

Ich schaue die beiden an und frage das, was ich in einer solchen Situation immer frage. Denn das Paar vor mir ist absolut keine Seltenheit. Das Problem: „Er ist wie mein drittes Kind", taucht häufiger auf.

„Haben Sie noch SEX?", frage ich für die beiden völlig unverhofft.

„Haben Sie noch SEX?"

Beide sind wie vom Blitz getroffen und schauen einander an. Sie fühlen sich sichtlich ertappt.

„NEIN", kommt es wie aus einem Munde. Dann fügt sie noch hinzu: „Nun ja, sehr selten. Irgendwie klappt es nicht mehr so gut."

„Dann möchte ich Ihnen etwas erklären, was mir in meiner Beratung von Paaren immer wieder auffällt", lege ich los.

Und du, lieber Leser, darfst gern lauschen.

Im Grunde wünschen sich fast alle Frauen und Männer Augenhöhe in der Partnerschaft. Was aber bedeutet das wirklich? Zunächst einmal erscheint es mir immer wieder sehr wichtig, die Frau darauf hinzuweisen, dass sie ihren Mann nicht wie ein weiteres Kind behandeln soll. Das fällt Frauen oft nicht leicht. Einerseits beschweren sie sich darüber, dass ihr Mann sie nicht unterstützt und außerdem nicht wertschätzt, was sie alles tut. Gleichzeitig möchten sie aber die Kontrolle darüber haben, wie es getan wird. Somit fehlt es ihnen an Vertrauen, es den Mann so machen zu lassen, wie er es tun möchte. Er hat seine eigene Art, mit den Kindern, dem Garten und den anfallenden Aufgaben umzugehen. Er macht das, wie es seiner männlichen Natur entspricht.

Frau ist abgeturnt vom kindlichen Verhalten des Mannes. Ich treffe in der Beratung oft auf Männer, die sich an eine meckernde Frau gewöhnt haben. Um die Harmonie nicht noch mehr zu stören – und den bequemeren Weg zu gehen –, machen sie, was FRAU ihnen sagt. Ihr innerer Protest zeigt sich dann aber oft durch unbewusste Unzuverlässigkeit. Hinzu kommt, dass MANN entweder resigniert, weil er es ihr sowieso nicht recht machen kann, oder alles auf die leichte Schulter nimmt, weil sie die Dinge ja trotz ihrer Nörgeleien am Ende allein erledigt.

Augenhöhe bedeutet jedoch, wie bereits im letzten Kapitel erklärt, dass sich jeder seiner erwachsenen Rolle in der Partnerschaft bewusst ist. Das heißt, 100 Prozent Verantwortung für 50 Prozent des Gelingens zu tragen. Wenn beide zu häufig in verschobenen Rollen zu finden sind und sie als Mutter für ihn agiert (wie sie es selbst im obigen Beispiel charakterisiert), dann entsteht ein Ungleichgewicht mit immensen Folgen.

Da die Frau ihren Mann nicht mehr als Mann, sondern als Kind wahrnimmt, ist es fast logisch, dass die Sexualität einschläft. Die Frau ist abgeturnt vom kindlichen Verhalten des Mannes. Gleichzeitig wirkt sie aber auch aktiv daran mit, dass er zum Kind wird. Es gehören immer zwei dazu, ein Ungleichgewicht aufrechtzuerhalten – oder es aufzulösen.

Eine Frau, die ihrem Mann nicht zugesteht, Aufgaben auf seine Art zu erledigen, weil sie ihn kontrollieren muss, begibt sich in die Mutterrolle. Und ein Mann, der trotzig beschließt, jetzt gar nichts mehr zu tun, weil er immer alles falsch macht, geht in die Rolle des Kindes. Somit gibt es gerade keine Augenhöhe für dieses Paar. Dazu kommt, dass es sehr anstrengend für sie ist, alles allein zu erledigen – und nervenaufreibend für ihn, sich ihr Gemecker anzuhören und sich nie in der Lage zu fühlen, das Richtige zu tun.

Was ist also die Lösung?

1. Lieber Mann, bitte übernehme die Verantwortung für deine Art der Erledigung der gemeinsamen Aufgaben. Mache sie auf deine Art und Weise und stehe dazu.

2. Wenn du keine Zeit oder keine Lust hast, spreche ehrlich darüber und biete Möglichkeiten an, Aufgaben anders zu verteilen oder an andere zu vergeben. Die Verantwortung für alle anstehenden Aufgaben einer Familie habt ihr gemeinsam.

3. Wenn deine Frau herumnörgelt, sage ihr klar und gleichzeitig liebevoll, dass du das Recht hast, es genau so zu tun, wie du es tun möchtest. Jeder Mensch verrichtet Dinge anders als andere. Es geht darum, sich gegenseitig seine Einzigartigkeit zuzugestehen, und niemals darum, es dem anderen recht zu machen. Denn …

4. … das Fatalste an der Geschichte ist, dass es Frauen abturnt, Männer an ihrer Seite zu haben, die JA und AMEN sagen. Frauen brauchen Männer, die zu ihrer Meinung stehen und die Dinge auf ihre Art machen. Das ist

männlich, attraktiv und anturnend und somit die Basis von Lust und Leidenschaft.

5. Sobald du erkennst, dass du durch Trotz, Resignation und Ohnmacht in eine Kinderrolle fällst und dich darin verlierst, erinnere dich daran, dass du erwachsen bist. Du hast es mit deiner Frau zu tun, und es steht nicht etwa deine vielleicht „dominante" Mutter vor dir. Häufig ist eine dominierende Mutter in der Kindheit der Grund, warum dieses Ungleichgewicht überhaupt zustande kommt.

6. Sei milde mit dir, wenn es dir nicht sofort gelingt, wieder ganz in die männliche Rolle zu gehen. Alte Muster lassen sich nur langsam verändern. Dazu werde ich im Kapitel „Wenn euch die Vergangenheit einholt" noch einiges erklären.

Im obigen Beispiel arbeite ich mit beiden daran, zu erkennen, welche männlichen und weiblichen Anteile in ihnen wirken. Manchmal mussten Frauen in ihrem Leben so sehr „ihren Mann stehen", dass sie sich in der Weiblichkeit nicht zuhause fühlen. Sie wünschen sich zwar einen starken Mann, können aber schlecht loslassen und ihn machen lassen. Das wäre für sie Kontrollverlust. Als Gegenpart zu einer eher maskulinen Frau beobachte ich oft den eher femininen Mann, der es ihr recht machen möchte. **Der Harmonie zuliebe scheut er sich davor, Konflikte auszutragen.** Er ist dann eher der empfangende Part als der erschaffende Teil.

Wenn die Augenhöhe verloren gegangen ist, gibt es oftmals Probleme in der Sexualität. In Partnerschaften wie der oben beschriebenen wird mir häufig von Erektionsstörungen beim Mann und Lustlosigkeit bei der Frau berichtet.

Neu in die Rolle als Mann beziehungsweise Frau zu finden, ist ein Teil meiner Begleitung von Paaren. Das benötigt die Fähigkeit zur Reflektion seitens beider Partner. Auch die Bereitschaft gemeinsam alte Muster aufzulösen und neue heilsame Erfahrungen zu machen muss vorhanden sein. Allein das Verständnis für diese Zusammenhänge führt oft zu neuer Nähe und Tiefe in der Beziehung.

Wenn die Augenhöhe verloren gegangen ist, gibt es oftmals Probleme in der Sexualität.

Im oben genannten Beispiel konnten wir in der Beratung gemeinsam erarbeiten, dass es ihr gutgetan hätte, wenn ihr Mann bei seinem Tagesplan geblieben wäre. Wenn er den Garten gemacht hätte und vielleicht die Aufgabe des Getränkeholens noch mit übernommen hätte, wäre er in seiner Kraft geblieben. Das Fahren der Jungen zum Fußball hätte sicherlich auch mit den anderen Eltern koordiniert werden können.

Manchmal ist es ein Kunststück, nicht sofort zu reagieren, sondern erst einmal tief durchzuatmen und sich dann genügend Zeit zu nehmen, um neu zu planen.

Im ersten Moment wäre es für sie sicherlich schwierig gewesen, zu akzeptieren, dass ihr Mann bei seinem Programm bleibt und die Priorität auf den Garten legt. Gleichzeitig hätte es aber auch eine Form der Klarheit und Stärke gezeigt. Außerdem wäre er sicherlich am Abend zufriedener gewesen, was wiederum einen positiven Einfluss auf sie gehabt hätte.

Der Zusammenhang zwischen Sexualität und verschobenen Rollen war beiden bisher nicht klar. Viele Paare sind erstaunt, was passiert, wenn sie in unbewusste Rollen rutschen. Deshalb werde ich das nächste Kapitel einer weiteren Rollenverschiebung widmen.

11. Willst du der Bestimmer sein oder erfüllten Sex haben?

„Jetzt reicht es mir", entfährt es ihm, als er die Spülmaschine öffnet, um seinen Teller hineinzustellen und das Besteck einzusortieren. „Du hinterlässt hier totale Unordnung. Wir hatten uns doch darauf geeinigt, dass wir von hinten nach vorn einräumen und das Besteck mit dem Griff nach unten in den Korb stellen."

Sie schaut erschrocken vom Handy hoch. „Nein, ich räume von vorn nach hinten ein, das ist für mich praktischer. Und ich habe gelernt, dass Messer mit der Klinge nach unten reinkommen, damit man sich beim Ausräumen nicht verletzt."

Wütend schaut er sie an. „Das ist nicht dein Ernst! Wie oft sollen wir das noch besprechen? So funktioniert das nicht. Das ist Quatsch mit den Messern. Die werden doch gar nicht sauber, wenn du sie auf deine Art reinstellst."

Ein bisschen irritiert über die plötzliche Wut ihres Mannes lenkt sie kleinlaut ein. „Okay, ich überlege es mir."

„Das sagst du jedes Mal, wenn wir darüber streiten", kontert er. „Genauso ist es mit dem Sex, da sagst du auch, dass du es dir überlegst. Mir platzt der Kragen, wenn ich das höre."

„Kannst du nicht einfach mal annehmen, was ich dir sage, statt immer dagegen zu sein?", beendet er den Streit, wie immer.

Sie ist mittlerweile völlig eingeschüchtert, gleichzeitig

traurig und fragt sich, wie alles wieder so eskalieren konnte. Nur weil er seinen Teller in die Spülmaschine geräumt hat! Nicht das erste Mal fühlt sie sich ohnmächtig wie ein kleines Kind. „Wieso macht er das mit mir?", denkt sie gerade, als das Telefon klingelt. Das wiederum erinnert sie daran, dass sie in der nächsten Woche einen neuen Termin zur Paarberatung haben. „Es wird Zeit, über diese Konflikte zu sprechen", denkt sie noch, bevor sie den Hörer abhebt und froh ist, dass ihre Freundin gerade zur richtigen Zeit anruft.

Eine Woche später:

Das Paar, das heute zu mir in die Praxis kommt, ist ebenfalls mit einer Rollenverschiebung konfrontiert. Während bei dem im letzten Kapitel beschriebenen Paar eine Mutter-Sohn-Verschiebung stattfand, beobachte ich bei diesem Paar die Vater-Tochter-Variante.

Er kommt herein und füllt sofort den Raum aus. Sie hingegen wirkt auf mich eher schüchtern und ein wenig verängstigt. Ich vermute, dass es auf der Fahrt hierher zum Streit gekommen ist. Deshalb spreche ich nach der Begrüßung direkt an, was ich wahrnehme.

„Mir scheint heute ein wenig dicke Luft zu herrschen zwischen Ihnen. Möchten Sie erzählen?" Dabei schaue ich die beiden abwechselnd an.

„Wir sind gerade zusammen hierhergefahren. Meine Frau saß am Steuer und ich daneben. Ich habe ihr die beste Umfahrung für den Stau erklärt und dann noch hier und da mal einen Kommentar abgegeben. Das musste ich auch. Sie weiß wohl nicht, was passieren kann, wenn man zu dicht auffährt. Auch sollte man zügig in den Kreisverkehr fahren, wenn man eine Lücke nutzen will. Das habe ich ihr halt gesagt. Jetzt sitzt sie wieder schweigend da und schaut mich nicht mehr an.“

„Wie ist die Fahrt hierher aus Ihrer Sicht gewesen?“ Ich schaue sie an.

„Horror“, sagt sie kleinlaut. Ich spüre, dass sie noch ganz verstört ist.

„Mögen Sie erzählen, was gerade in Ihnen los ist?“

„Ich fühle mich wie immer niedergemacht. Angeblich mache ich alles falsch und bekomme dann von ihm zu hören, wie es richtig ist.“

Sie macht eine kurze Pause und spricht dann weiter.

„Ich bin erwachsen und fahre seit fast dreißig Jahren unfallfrei Auto. Mein Mann muss alles kommentieren und mir überflüssige Ratschläge geben. Das Ganze in einem Ton, der mir Angst macht. Danach sage ich eben nichts mehr.“

In dieser Situation interveniere ich zunächst einmal. Ich schlage der Frau vor, ein paar Übungen mit mir zu machen, und bitte den Mann mitzuwirken.

Während ich sie anleite, die Arme über Kreuz zu nehmen, die Hände auf die Schultern zu legen und abwechselnd auf die eigenen Schultern zu klopfen, erkläre ich gleichzeitig, was wir da gerade tun.

Diese Übung dient, wie viele andere Übungen, der Beruhigung des Nervensystems. Sie kommt aus der Traumatherapie. Durch die Überkreuzbewegungen kommt das Nervensystem langsam zur Ruhe.

Ich teile mit der Frau meine Vermutung, dass sie in ihrer Kindheit Erfahrungen mit dominanten und bestimmenden Personen gemacht hat. Sie nickt und erzählt sofort von ihrem Vater, der durch eine laute, angsteinflößenden Stimme dafür sorgte, dass jeder auf ihn hörte und tat, was er wollte. Auch damals ist sie oft erstarrt und musste sich dann langsam wieder beruhigen. Ihr Trigger war also eindeutig nachvollziehbar.

Nachdem sich die Frau sichtlich beruhigt hat, frage ich den Mann: „Was glauben Sie, warum es Ihnen schwerfällt, ruhig neben Ihrer Frau zu sitzen, wenn sie Auto fährt. Warum müssen Sie alles kommentieren?"

„Ich bin immer in Habachtstellung."

Er braucht eine Weile, um zu antworten. „Mir fehlt die Kontrolle, wenn ich nicht selbst fahre. Ich bin angespannt, wenn ich neben ihr sitze, und bremse immer mit. Ich weiß, dass sie im Grunde gut fährt. Dass ich fast zwanghaft alles kommentiere, merke ich erst dann, wenn sie so erstarrt ist und nicht mehr mit mir spricht."

„Was glauben Sie, was Sie da triggert? Woher kennen Sie dieses Gefühl?", frage ich ihn.

„Ich weiß nicht, ob es damit zu tun hat, dass bei mir der Vater so unberechenbar war. Ich habe immer erst geschaut, wie er drauf war, um erkennen zu können, wann es besser ist, nichts zu sagen oder zu tun. Aufpassen war an der

Tagesordnung. Vielleicht sitze ich deshalb so angespannt neben meiner Frau. Ich bin immer in Habtachtstellung."

Eines zeigt sich während des Gesprächs deutlich: Die Reflexion und das Verständnis für die Trigger bewirken, dass sich beide entspannen. Sie sind sich einig darüber, dass weder er einen dominanten Vater spielen möchte noch sie in die Rolle eines verunsicherten Mädchens geraten will. Auch erkennen beide, dass sie das alles nicht bewusst machen, sondern dass es wie ein Film abläuft.

Wie aber löst man diese Trigger, sodass der Umgang leichter wird? Sollte er nur noch selbst fahren, um zu vermeiden, dass es diese Anspannung gibt?

Mein Vorschlag ist, mit dem jetzigen Wissen über die Situation einen erneuten Versuch zu starten und es dieses Mal möglichst anders zu machen.

Dabei ist es wichtig, dass der Mann versucht, die Disziplin aufzubringen, nichts zu kommentieren. Seine Frau kann ihn dann dafür wertschätzen, dass er die Kraft aufbringt, sich zu beherrschen. Wenn es trotzdem zu kleinen Unstimmigkeiten kommt und sie es schafft, nicht sofort zu erstarren, bleibt sie handlungsfähig. Sie könnte ihm liebevoll sagen, dass er sich entspannen kann und sie jetzt einfach auf ihre sichere Art und Weise nachhause fährt.

Außerdem bleibt jederzeit die Möglichkeit, ihn zu fragen: „Schatz, möchtest du vielleicht doch fahren? Dann halte ich an und wir steigen um."

Und er könnte dann in sich hineinhorchen und vielleicht erwidern: „Okay, ich gebe mir noch zehn Minuten. Wenn ich dann noch nicht entspannen kann, sag ich Bescheid und wir tauschen die Plätze."

So hat das Paar im Blick, was das Problem ist, und findet jederzeit die richtige Lösung für die Situation. Natürlich gehen alte Muster nicht von heute auf morgen weg. Es benötigt Zeit, sich des Kindes in sich bewusst zu werden, und braucht Disziplin, um dann wieder erwachsen reagieren zu können.

Um deine Frau nicht abzuturnen, ist es wichtig, dir deiner Stimmlage bewusst zu werden.

Genauso wie mit der Kontrolle darüber, wie sie Auto fährt, scheint er auch bei der Spülmaschine die Oberhand behalten zu wollen. Unbewusst natürlich. Auch hier macht es seine Frau anders als er, was ihn dazu veranlasst, es als falsch zu titulieren. Damit hat er die Kontrolle zurück. Dabei erscheint mir für beide wichtig zu wissen, dass es im Grunde nicht um Logik oder um Richtig und Falsch geht. Wenn seine Frau das verstanden hat, kann sie ihn vielleicht das nächste Mal beruhigen. Mit den Worten: „Schatz, lass uns doch anhand der Spülmaschine üben, wie wir beide entspannter bleiben. Ich versuche gern mal deine Methode, und vielleicht hast du auch Lust, es mal flexibler zu handhaben."

Er könnte an dieser Stelle zukünftig bewusst wahrnehmen, was in ihm passiert. Wenn er die innere Kommentatorenstimme beobachten kann, statt sie auszuleben, dann ist schon ein großer Schritt getan.

Und nun möchte ich noch den Bogen zur Sexualität spannen. Denn wenn unbewusste Muster die gesamte Kommunikation beherrschen, ist es umso wichtiger, reflektiert und bewusst miteinander umzugehen.

Um deine Frau nicht abzuturnen, lieber Mann, ist es wichtig, dir deiner Stimmungslage bewusst zu werden. Wenn diese nicht liebevoll und wertschätzend ist, musst du dich nicht wundern, dass sie getriggert ist. Frauen sind durch die Härte und die Lautstärke einer Stimme sehr schnell verängstigt. Häufig geschieht dies aufgrund ihrer Vatererfahrungen, aber auch, weil der Mann einfach der körperlich stärkere Part in der Partnerschaft ist (zumindest in den allermeisten Fällen). Wenn die Frau also ein Gespräch als Bedrohung wahrnimmt und aus Angst in das kleine Mädchen abtaucht, ist sie getriggert. Für sie besteht dann eine akute Gefahr. Das ist das Gegenteil von Liebe und verhindert Sex. Angst und Sex sind nicht kompatibel.

Frauen benötigen Wertschätzung, emotionale Nähe und Tiefe, dann sind sie offen für den Mann. Darum ist es so wichtig, zurückzufinden in die Rollen als Mann und Frau. Die Kinder in euch sind schnell getriggert. Dann müssen die Erwachsenen das Regime übernehmen. Erinnert euch gegenseitig daran, so funktioniert es am besten.

Auch für das Familienleben ist es wichtig, sich auf Augenhöhe zu begegnen. Wenn Rollen auf die eine oder andere Art verschoben sind, ist es zunächst einmal die Aufgabe zu schauen, wie die Augenhöhe zurückkehren kann. Wie kann der Mann die Rolle als Partner und Vater seiner Kinder auf seine ureigenste Art und Weise ausfüllen? Und wie kann die Frau wieder ihre Frauenrolle und ihre Mutterrolle für ihre Kindern einnehmen?

Das bedeutet für die Frau zunächst, sich zurückzunehmen. Während sie ihn machen lässt, kann sie sich um sich selbst kümmern. Erst dann kann sie schauen, wo sie ihre Weiblichkeit und ihr Frausein verloren hat. Für ihn bedeutet es, das Spielfeld des gemeinsamen Zuhauses zu betreten und im Leben seiner Kinder vorzukommen. Er darf lernen, seine Werte zu vertreten und die Dinge, die ihm wichtig sind, gemeinsam mit seiner Frau zu besprechen und auf seine Art durchzusetzen. Hierbei ist es wichtig, respektvoll, klar, liebevoll und wertschätzend zu sein.

Damit stärkst du am Ende deine Kinder und machst sie resilient für das Leben. Für das Paar ist es entscheidend, sich regelmäßig gemeinsame Zeiten einzuräumen. Dabei ist es hilfreich, Paarzeiten ganz bewusst zu planen und kleine Kinder regelmäßig betreuen zu lassen. Die oberste Priorität sollte in solchen Phasen auf der Paarbeziehung liegen. Denn die Verbundenheit des Paars trägt auch die Kinder. Eine erfüllende Partnerschaft lässt beide auftanken. Auch im Business oder Job fühlt sich dann alles leichter an und wird freudvoller. Diese turbulenten Zeiten mit einem unsicheren Weltgeschehen brauchen eine sichere gemeinsame Basis als Paar und Familie.

Bessere Vorbilder als glückliche Eltern gibt es für Kinder nicht. Denk immer daran, dass Kinder aus Vorbildern lernen. Alles, was du als Mann und Vater tust und kommunizierst, findet eins zu eins Abnehmer. Wie du mit deiner Frau umgehst, zeigt deinem Sohn und/oder deiner Tochter, wie Partnerschaft gelingt oder auch nicht. Es lohnt sich immer, in die Paarbeziehung zu investieren. Damit stärkst du am Ende auch deine Kinder und machst sie resilient für das Leben. Indem du deine Probleme löst, zeigst du ihnen, wie es geht. Es ist eine Win-win-Situation.

Zusammenfassend gilt also dies:

1. Reflektiere, wo du Kontrolle ausüben willst, und sei dir darüber im Klaren, dass es sich um ein Überlebensmuster aus deiner Kindheit handelt.

2. Erkenne, dass zwei Menschen die Dinge komplett unterschiedlich machen dürfen. Es gibt kein Richtig und kein Falsch.

3. Sei dir der Macht deiner Stimme bewusst. Wundere dich nicht, wenn sie in den Gefahrenmodus fällt, sobald du laut wirst.

4. Wenn du Sex willst, dann braucht das Augenhöhe durch emotionale Nähe, Verbundenheit und Milde mit dir und mit ihr.

5. Sex und Angst sind nicht kompatibel, es sei denn, du stehst auf bestimmte sexuelle Praktiken, die damit spielerisch umgehen.

Dem Paar aus meinem Beispiel ergeht es immer noch so, dass alte Muster es triggern. Doch aus diesen herauszukommen und sich schnell wieder zu regulieren, gelingt den beiden immer häufiger. Auch Übungen aus der Traumatherapie helfen ihnen, wenn die Aufregung zu groß wird. Der Mann hat herausgefunden, dass ein sofortiges Verlassen der Situation, gefolgt von einem Spaziergang an der frischen Luft, sein Wundermittel ist, um runterzukommen. Wenn es gelingt, die Verantwortung für die eigenen Trigger zu übernehmen, fällt es leicht, die Reaktionen des anderen nicht mehr so persönlich zu nehmen. Das ist gleichzeitig die höchste Kunst.

IV.
WAS DU ÜBER DAS STREITEN WISSEN MUSST

12. Das Drama beenden oder weitermachen wie bisher? Deine Entscheidung

Sie ist außer sich vor Wut. Mit hochrotem Kopf steht sie vor ihm und könnte ihn in der Luft zerreißen, wenn sie genügend Kraft hätte.

Er lässt sich dadurch nicht aus der Ruhe bringen. Schließlich sind sie seit über zwanzig Jahren ein Paar und er kennt sie, so glaubt er zumindest. Am besten fährt er stets damit, nicht einzusteigen – noch nicht. Denn wenn sie wegen solcher „Kleinigkeiten", wie jetzt gerade, dermaßen aus der Haut fährt, braucht es nicht mehr viel, bis auch ihm der Kragen platzt.

„Wir haben in der Paarberatung darüber gesprochen, wie wichtig es ist, einen Abend in der Woche für uns zu haben. Wir haben uns auf den Mittwoch geeinigt. Wieso planst du dann für diesen Mittwoch einen Fußballabend mit deinen Kumpels?", fragt sie ihn und ballt erbost die Fäuste. „Dir ist unsere Ehe nicht wichtig genug!", schreit sie ihn an.

Eigentlich war er gerade auf dem Weg zur Arbeit, Tasche in der Hand, Jacke schon an. Er hasst solche Diskussionen, die einem den restlichen Tag vermiesen. Immer morgens im Hausflur. Immer wieder fühlt er sich von ihr angegriffen, und das tut so langsam seine Wirkung.

„Okay", lenkt er ein. „Ich hab´s vergessen und das Spiel ist eben am Mittwoch, sonst könnte ich ja einen anderen Abend nehmen. Ich sag den Jungs jetzt nicht mehr ab, schließlich kommen sie zu uns, um das Spiel zu gucken. Nun reg dich bitte nicht so auf."

Damit bringt er das Fass zum Überlaufen. Wie von der Tarantel gestochen rennt sie vom Flur in die Küche und zurück und schreit dabei: „Du vergisst erst unseren Abend, fragst mich auch jetzt nicht, ob ich einverstanden bin, ihn ausfallen zu lassen, und am Mittwoch sollen hier deine drei Kumpel in unserem Wohnzimmer sitzen? Ich soll dabei entspannt bleiben und mich nicht aufregen? Ich fasse es nicht! Das hat doch alles keinen Sinn mehr mit uns. Du änderst dich nicht! Wir machen extra Paarberatung, du ignorierst alles, was wir dort besprechen, und machst einfach weiter wie bisher. Nicht mit mir!" Damit beendet sie die Diskussion und lässt ihn im Flur stehen.

„Und täglich grüßt das Murmeltier."

„Puuh, die kann mich mal", denkt er, öffnet die Haustür und schlägt sie mit Getöse zu. Er läuft zum Auto, steigt ein, startet den Motor und ist innerhalb von Sekunden um die Ecke. Die Situation fühlt sich für ihn an wie die Endlosschleife in dem Film „Und täglich grüßt das Murmeltier".

Zwei Wochen später:

Heute sitzt ein temperamentvolles Paar vor mir. Die beiden sind schon länger im Coaching. Ihre alten Konfliktmuster und Trigger schlagen manchmal so schnell zu, dass sie sich vor meinen Augen lautstark streiten.

Das ist selbst für mich eine Herausforderung. Weil ich auch ein Mensch bin und natürlich ebenfalls meine Trigger habe, komme ich mit den Paaren manchmal auf meine eigenen Themen. Da bin ich dann zwar der Profi, muss mir aber,

wenn es mich erwischt, bewusst machen, tief durchzuatmen, um mein eigenes System zu beruhigen. Das passiert
mir selten, kommt aber vor.

Wenn möglich unterbreche ich laute Streitereien sofort.
Denn es führt zu nichts, wenn bei mir zwei wütende Menschen aufeinandertreffen und die Streitroutine ihrer Partnerschaft im Coaching fortsetzen.

Das Paar selbst hat häufig weniger Probleme damit, sich
vor mir lautstark zu streiten. Die Partner sind es so sehr
gewohnt.

Doch was mich am allermeisten fasziniert ist der Moment, in
dem wieder Verständnis füreinander ins Spiel kommt, weil
beide verstanden haben, was all dem Drama zugrunde liegt.

Sie fängt heute an zu erzählen, wie es ihr gerade geht in
der Partnerschaft.

„Ich habe das Gefühl, ich sauge hier alles auf, was Sie uns
sagen, und mein Mann bewegt sich kein Stück. Immer greift
er mich an, wenn ich mir etwas von ihm wünsche, dabei formuliere ich alles schon vorsichtig, im Gegensatz
zu ihm. Ich mache mich schlau, spreche mit meinen Freundinnen, habe Einzeltermine bei Ihnen –
und er tut nichts, vergisst sogar unseren gemeinsamen Abend und trifft sich mit Kumpels.“

„Natürlich bemühe ich mich auch.“

Erbost schaut der Mann seine Frau an. „Moment mal, wer
greift hier wen an? Du greifst mich gerade an und machst
mir einen Vorwurf. Natürlich bemühe ich mich auch. Ich
habe den Samstagnachmittag am Wochenende allein mit
den Kindern verbracht, weil du Zeit für dich brauchtest. Das

siehst du wiederum gar nicht. Wenn ich etwas tue, ist es selbstverständlich für dich. Immer beschwerst du dich und siehst nicht, was ich tue."

An dieser Stelle unterbreche ich die beiden in ihrem Muster, indem ich sie frage: „Wenn wir jetzt diesen Streit vorspulen würden, wie endet er?"

„Na ja, er ist beleidigt, geht aus dem Raum und spricht erst einmal nicht mehr mit mir.", sagt sie jetzt etwas leiser.

Worte wie „immer" und „nie" oder auch „ständig" machen aus einem einfachen Streit ein unlösbares Problem.

„Stimmt. Vorher geht das Wortgefecht noch weiter, bis wir beide so gestresst sind, dass ich aus dem Raum gehe, meistens die Tür knalle. Dann benötige ich erst einmal Zeit, um herunterzukommen, und spreche nicht mehr. Sobald die Stimmung etwas besser ist, gehen wir dann wieder zum Alltag über", berichtet er aus seiner Sicht.

„Okay, dann möchte ich hier ein wenig Theorie zum Thema Kommunikation einstreuen", fahre ich fort.

Lieber Leser, ich nehme dich gern mit in einen theoretischen Exkurs.

Wenn Paare zu mir kommen, geht es häufig um Grundkonflikte, die sich vom Inhalt her sehr ähneln. Sie eskalieren immer wieder und führen entweder zu Unverständnis und Streit oder zu Schweigen und Rückzug. Es sind Schlüsselsituationen, für die es bisher noch keine Lösungen gibt. Immer wieder wird eine Kette von gegenseitigen Triggern ausgelöst und das Drama nimmt seinen Lauf. Grund ist häufig ein Missverständnis in der Kommunikation. Viele Menschen haben nicht gelernt, wie sie sich selbst ausdrücken können, um beim anderen Verständnis statt Missverständnis zu erzeugen. Dazu gehört es, die richtigen Worte zu wählen – oder auch die falschen zu vermeiden.

Worte wie „immer" und „nie" oder auch „ständig" machen aus einem einfachen Streit ein unlösbares Problem. Paare, die sich mit diesen Worten streiten, lassen dem anderen keine Möglichkeit zur Veränderung. Durch Sätze wie: „Immer muss ich alles tun …", „Nie hilfst du mir …", oder: „Du lässt mich ständig mit den Problemen allein …", entsteht beim Adressaten ein massives Gefühl der Ohnmacht, das sofort dazu auffordert, Gegenargumente vorzubringen. Der Gefahrenmodus von Angriff, Totstellen oder Flüchten wird aktiviert. Das Gefühl der Ungerechtigkeit, das solche Worte auslösen, ist tatsächlich berechtigt, denn die Realität ist eine andere.

Ich frage Paare dann häufig, ob es wirklich wahr ist, dass die jeweils andere Person „immer", „nie" oder „ständig" so agiert. Wenn sie dann länger darüber nachdenken, erkennen fast alle, dass nicht wahr ist, was sie sich gegenseitig vorwerfen. Sie empfinden es zwar so, als geschähe etwas „immer" oder „nie" oder „ständig". Wenn wir aber nach Beispielen für das Gegenteil suchen, finden wir diese tatsächlich auch. Deshalb empfehle ich jedem Paar, diese Worte aus ihrem Vokabular zu streichen – oder sich zumindest gegenseitig daran zu erinnern, dass solche Verallgemeinerungen kein Weg zu einer Lösung sind.

Dennoch ist es wichtig zu verstehen, warum ein Streit sich hochschaukeln kann, wie im obigen Beispiel, wenn ich ihn nicht unterbrochen hätte. Meistens liegen hinter den Worten Wünsche, Bedürfnisse und Sehnsüchte. Werden diese

Wünsche, Bedürfnisse oder Sehnsüchte auf eine Art geäußert, die den anderen nicht angreift, sondern sich ihm gegenüber stattdessen offenbart, dann gelingt Kommunikation.

Wenn wir den Dialog von oben nehmen, könnte ein klarer, entspannter Mann, wenn er nicht getriggert wäre, anders reagieren, wenn die Frau sagt:

Um Muster zu durchbrechen, benötigt es eine Person, die im Moment des Streits wacher ist.

„Ich habe das Gefühl ich sauge hier alles auf, was Sie uns sagen, und mein Mann bewegt sich kein Stück. Immer greift er mich an, wenn ich mir etwas von ihm wünsche, dabei formuliere ich alles schon vorsichtig, im Gegensatz zu ihm. Ich mache mich schlau, spreche mit meinen Freundinnen, habe Einzeltermine bei Ihnen – und er tut nichts, vergisst sogar unseren gemeinsamen Abend und trifft sich mit Kumpels."

Der klare, wache Mann würde darauf beispielsweise erwidern:

„Schatz, du hast am Wochenende den Wunsch geäußert, einen Nachmittag für dich zu haben. Ich habe dir den Wunsch erfüllt und bin mit den Kindern schwimmen gegangen. Ich bin da der Pragmatiker, der nicht so viel über etwas redet, sondern es einfach macht. Und mir tun die Paargespräche hier gut. Einzeltermine benötige ich gerade nicht. Ich bewege mich scheinbar auf eine andere Art und Weise als du. Das ist okay für mich. Und das mit dem Fußballabend tut mir echt leid. Ich hatte tatsächlich vergessen, dass der Mittwoch jetzt uns gehört. Und wahrscheinlich ist es so, dass ich mich da noch gehörig umstellen muss, wenn das mit uns besser werden soll."

Um Muster zu durchbrechen, benötigt es eine Person, die im Moment des Streits wacher ist als die andere. Eine Person, die erkennt, dass es hier auf ein altes Drama hinausläuft und Klarheit braucht.

Wenn die Frau klar und wach auf meine Frage, wie es ihr gerade in der Partnerschaft geht, geantwortet hätte, dann wäre ihre Aussage vielleicht folgende gewesen:

„Ich fühle mich noch immer erschöpft und müde. Auch dass mein Mann mit den Kindern am Samstagnachmittag unterwegs war, hat nicht gereicht. Ich versuche durch die Einzelgespräche mit Ihnen noch mehr Veränderung für uns zu bewirken und fühle mich hilflos, weil ich nicht erkennen kann, was mein Mann gerade mit dem tut, was wir hier lernen. Und wenn er dann unseren gemeinsamen Abend vergisst, dann fühle ich nur noch Schmerz, dann kann ich nicht sehen, dass auch er sich bemüht."

Hätte sich die Frau am Anfang der Stunde so geäußert, dann hätte ich jetzt den Mann gefragt, ob er Lust hat, uns zu erklären, wie er gerade mit dem arbeitet, was er im Coaching lernt. Ich hätte ihn auch nach dem Männerabend und seine Sicht darauf gefragt.

Vielleicht hätte er dann erklären können, dass er sich gerade überfordert fühlt mit der Erschöpfung seiner Frau und von ihr einfach immer wieder hören muss, wie er helfen kann. Denn wenn sie es ihm nicht sagt, kann er es nicht wissen. Und vielleicht hätte er auch gesagt, dass er sich nicht getraut hat, den Männern gegenüber zuzugeben, dass ihm seine Frau gerade wichtiger ist als das Spiel. Vielleicht befürchtete er, sich rechtfertigen zu müssen und den Eindruck zu erwecken, als hätte in seiner Ehe die Frau das Sagen.

Und möglicherweise hätte sie dann sagen können, dass sie es braucht, gefragt zu werden, weil sie anders ihr altes Muster, „nicht gesehen zu werden", nicht durchbrechen kann.

Hier beginnt Kommunikation. Ehrlich, klar, aus der Wahrheit heraus. Und weil es den meisten Menschen, die zu mir kommen, nicht wirklich in die Wiege gelegt wurde, wie sie klar, ehrlich und authentisch kommunizieren können, braucht es Geduld. Übung, Verständnis und Mitgefühl sind notwendig, um miteinander diesen Weg zu gehen.

Auch braucht es den Moment der Achtsamkeit und Disziplin, zu einem alten Streitthema nicht noch einmal eine neue Runde drehen zu wollen. Denn das Gleiche noch einmal zu produzieren, führt oft zu Retraumatisierung und Aktivierung von altem Schmerz. Zu einer Lösung trägt es nicht bei. Denn die wäre schon längst da, wenn die gemeinsame Strategie greifen würde. Es gibt also keine Lösung gerade. Gut so. Und AUFHÖREN mit all dem Streiten. Sofort.

Disziplin aufbringen, stoppen, tief durchatmen, fühlen, was gerade da ist.

Disziplin aufbringen, stoppen, tief durchatmen, fühlen, was gerade da ist. Deine Methode finden, um runterzukommen. Da hat jeder etwas anderes, was guttut. Der eine muss rausgehen an die frische Luft und sich bewegen. Der andere braucht vielleicht sein Bett, seine Höhle. Bitte teilt euch das gegenseitig mit, geht nicht aus dem Kontakt, ohne dem anderen zu sagen, dass ihr gerade Abstand benötigt, um wieder klare Gedanken fassen zu können.

Und dann, wenn ihr beide wieder entspannter seid, kommt noch einmal zusammen. Sprecht kurz darüber, was ihr gerade braucht und wie leid ihr es vielleicht seid, wieder an dem gleichen Punkt zu streiten. Wenn ihr neue Impulse braucht, holt sie euch von außen. Das Alte könnt ihr schon, es funktioniert nicht. Das Neue ist noch nicht da und darf jetzt kommen. Manchmal braucht es einfach den Mut, sich einzugestehen, dass es eine Sackgasse gibt. Einen Coach, einen Therapeuten, gemeinsame Paarzeit? Was braucht es bei dir gerade, um neue Wege zu gehen?

Wenn du nicht nach außen gehen möchtest, dann gehe nach innen. Und verlasse das Drama deiner Frau, wenn es wieder losgeht. Füttere es nicht auf die alte ungesunde Art und Weise.

Das kann auch durch einfache Sätze wie die folgenden gelingen:

„Schatz, ich bin jetzt nicht bereit, über dieses Thema zu streiten.“

„Schatz, ich möchte nichts dazu sagen, sonst bin ich wieder in meinem emotionalen Drama. Heute nicht.“

„Schatz, diese Runde kannst du heute ohne mich drehen. Ich steige jetzt nicht mit ein.“

„Schatz, weil wir gerade keine Lösung dazu haben, übe ich mich im Geduldigsein und beschränke mich darauf, mich zu beherrschen und nicht einzusteigen.“

Es gibt viele Alternativen, nicht wieder das gleiche alte Muster zu bedienen, weder sein eigenes noch das seiner Frau. Es braucht Wachsamkeit und Geduld, Partnerschaft zu verändern. Und es lohnt sich, diese aufzubringen.

Zusammenfassend sei Folgendes gesagt:

1. Sei dir bewusst, dass unter jedem Streit ein anderes Thema liegt, als das, was es offensichtlich ist. Immer geht es im Kern darum, gesehen zu werden, geliebt zu werden, sein zu dürfen, wie man ist, dazuzugehören, nicht allein zu sein mit Problemen, richtig zu sein.

2. Beachte, dass es notwendig ist, die Disziplin aufzubringen, weder ein altes Drama zu inszenieren noch es zu füttern, wenn der andere damit beginnt.

3. Bereite dich darauf vor, dass es nicht sofort gelingen wird. Dafür ist dein Gehirn zu sehr trainiert, auf die alte Art und Weise zu arbeiten. Sei milde mit dir.

4. Wenn du wacher bist als deine Frau, weil du gerade nicht getriggert bist, übernehme die Führung. Sehe ihren Schmerz, atme tief durch und steige nicht mit ein.

Mit diesen Tools kannst du arbeiten. Übe dich darin, immer wieder deine übliche Erstreaktion zu erkennen und dann anders zu reagieren. Tief durchatmen, bis drei zählen, aus dem Raum gehen. Wenn du übst, wird es leichter und du bist unabhängig von der Entwicklung deiner Frau. Wenn du anders agierst, kann sie das Drama allein nicht mehr weiterführen. Genauso ist es umgekehrt, wenn sie wacher ist als du. Es ist schön, wenn ihr gemeinsam daran arbeitet. Wenn sie noch nicht so weit ist, dann beginne du. Das wird dein Leben mit ihr entscheidend verändern. Du selbst bist der maßgebliche Faktor. Nutze ihn.

Mein Beispielpaar übt sich jetzt täglich darin, nicht in das Drama des anderen einzusteigen. Manchmal gelingt es, manchmal nicht. Sie können mittlerweile humorvoller damit umgehen.

13. Willst du Humor und Freude in deinem Leben oder lieber den Miesepeter und Erbsenzähler spielen?

Sie haben sich verabredet. Genau so, wie sie es in der letzten Paarberatung gemeinsam erarbeiten hatten. Viel zu wenig Paarzeit, war das Fazit der letzten Sitzung gewesen. Dagegen musste etwas getan werden. Den Mittwochabend hatten sie sich seit der letzten Sitzung für gemeinsame Aktivitäten freigehalten.

Nachdem sie in der Woche zuvor im Kino waren, haben sie sich für den heutigen Mittwoch etwas anderes überlegt: Abends nach 20 Uhr, wenn die Kinder im Bett sind, werden sie über Sex sprechen. Bloß nicht die Erwartungen zu hoch schrauben, hatten sie gemeinsam vereinbart. Reden sollte erst einmal der Anfang sein. Schließlich hatten sie die letzten Jahre damit verbracht, sich gegenseitig zu erklären und zu rechtfertigen, warum es keine Option ist, abends wenn die Kinder schlafen, miteinander ins Bett zu gehen. Das brauchte jetzt erst einmal einen sanften Einstieg.

Nachdem die letzte Gutenachtgeschichte beendet ist, wird es endlich ruhig und friedvoll im gemeinsamen Haus. Während er nun eine Flasche Rotwein öffnet, zündet sie einige Kerzen an, um Atmosphäre zu schaffen. Gemeinsam sitzen sie auf dem gemütlich-kuscheligen Sofa und schauen sich an. Auch etwas, was sie wieder erlernen müssen: einander anschauen statt wegschauen. Das geht mittlerweile schon besser als noch vor Kurzem, obwohl es sehr ungewohnt ist.

„Fang du an", bittet sie ihn unsicher, aber liebevoll.

„Mmmh, was soll ich sagen?", murmelt er.

„Wir wollen ja über Sex sprechen", sagt sie.

„So aus dem Nichts?", fragt er. „Das kann ich nicht. Ich brauche vorher ein bisschen Kuscheln ..."

„Und ich brauche vorher ein bisschen Reden", erwidert sie ruhig. „Ich fange mal an. Also ich bin todmüde heute Abend, hatte einen anstrengenden Tag, und mir ist gerade nicht nach Sex."

„Wir wollen ja über Sex sprechen."

„Na toll", wollte er gerade frustriert loslegen, als ihm einfiel, was er im Coaching gelernt hatte. Dabei musste er unweigerlich lachen.

„Warum lachst du?", fragt sie interessiert.

„Ich wollte gerade meinen alten Frust rauslassen, atme jetzt aber erst einmal tief durch und zähle bis drei. Eins, zwei, drei. Schließlich soll sich die Investition in unsere Paarberatung ja lohnen", beendet er den Satz bereits etwas entspannter.

Dann überlegt er noch kurz, was er zu sagen hat, und legt los: „Wenn ich ehrlich bin, geht es mir gerade ähnlich. Mein Tag war randvoll mit Herausforderungen. Ich bin müde und habe mich auf diesen Abend gefreut, obwohl ich Angst habe, wieder zu streiten", gibt er ein wenig betroffen zu.

„Weißt du, was es gerade mit mir macht, wenn du so ehrlich bist?", sagt sie, selbst ein bisschen verwundert über das, was sie fühlt, wenn er spricht.

„Nein, weiß ich nicht", sagt er, neugierig lauschend.

„Ich habe jetzt Lust, näher zu dir rüberzurutschen", erklärt sie, während sie sich vorsichtig an ihn kuschelt. Überrascht legt er seinen Arm um sie und ist gleich doppelt berührt (innerlich und äußerlich). „Wow, so fühlt es sich an, wenn etwas stimmig ist in diesem Moment", denkt er, ohne es auszusprechen.

Nun sitzen beide dort, eng umschlungen, auf dem kuscheligen Sofa, und fühlen sich einander so nah wie lange nicht mehr. Beide entspannen sich sichtlich.

Sie hat plötzlich Tränen in den Augen vor Rührung und traut sich nun zu sprechen: „Weißt du, ich traue mich einfach nicht, mit dir darüber zu sprechen, wie sehr ich mir beim Sex andere Dinge wünsche, als das, was wir bisher gelebt haben. Ich weiß auch gar nicht genau, was anders sein müsste. Ich weiß nur, dass ich beim Sex mit mir selbst etwas anderes fühle und andere Berührungen mag."

Fast hätte er sich wieder aufgeregt. Sie spürt es direkt an der Anspannung in seinem Körper. Doch auch jetzt hat er sich unter Kontrolle, was sie wiederum mit einem amüsierten, aber liebevollen Lächeln quittiert. Aufgeregt wartet sie darauf, was er nun sagen wird.

> **„Und irgendwie stellst du mein ganzes Mannsein infrage."**

„Das ist ganz schön krass für mich zu hören", gibt er zu. „Ich konnte gerade noch kontrollieren, nicht sofort zu reagieren, aber jetzt falle ich gerade in dieses Loch, über dem steht: ‚Ich kann dir ja doch nichts recht machen, egal, was ich versuche, es ist nicht richtig.' Und irgendwie stellst du mein ganzes Mannsein infrage. Puh, schwer, jetzt nicht beleidigt zu sein. Ich möchte doch, dass wir beide Freude daran haben. Habe ich denn alles falsch gemacht?"

Sie spürt, wie mühsam es für ihn ist, nicht abzutauchen in sein altes Verhalten von Beleidigtsein und Resignation.

„Nein, hast du nicht", beruhigt sie ihn. „Ich weiß ja auch nicht, wie es richtig wäre."

Der Abend endet mit einem kleinen bisschen Frust und der neuen Erfahrung, sich durch Ehrlichkeit so nahe gekommen zu sein, wie lange nicht mehr. Beide sind sich einig, dass es beim nächsten Paarabend an dieser Stelle weitergeht. Beide erkennen auch, wie schwierig es ist, Worte für das zu finden, was sie sich eigentlich sexuell wünschen. Selbst zu wissen, was Freude macht und einen erfüllt, ist dabei ebenso herausfordernd, wie den Mut zu finden, darüber offen und ehrlich zu sprechen.

Beide möchten unbedingt in der nächsten Paarberatung darüber reden, wie sie kommunikativ neue Wege gehen können.

Zwei Wochen später:

Das oben beschriebene Paar ist schon länger bei mir im Coaching. Heute sind sie aufgeregt und auch ein wenig stolz darauf, wie sie angefangen haben, miteinander über Sex zu sprechen. Ihre Bitte an mich ist diesmal, ihnen zu erklären, wie sie Worte für etwas finden können, was ihnen niemand zu bereden beigebracht hat.

Ich bin sehr beeindruckt davon, dass sie sich getraut hat, über ihre Empfindungen beim Sex zu sprechen, und er die

Disziplin aufgebracht hat, nicht sofort auf die alte Art und Weise zu reagieren.

Um das Paar weiter zu unterstützen, lasse ich es an meinen Erfahrungen teilhaben. Ich lade dich ein, meinen Ausführungen ebenfalls zu lauschen.

Es ist nämlich nicht nur schwer, eine neue Art der Kommunikation zu finden. Die eigentliche Herausforderung ist es dabei, die Disziplin aufzubringen, nicht den alten Konfliktmustern zu folgen. Der kleine Moment der Wachheit kann genutzt werden, um nicht jedes Mal wieder einzusteigen. Humor hilft da ungemein.

Wenn es einem der beiden gelingt, mit der klaren Absicht: „Heute springe ich nicht an", auf Vorwürfe und Rechtfertigungen zu reagieren, dann ist der Krieg für diesen Moment vorbei. Ich kenne keinen anderen Bereich in der Partnerschaft, in dem es so wichtig wäre wie in der Sexualität, miteinander friedvoll, liebevoll und verbunden zu sein.

Wenn du also merkst, dass es in deiner Partnerschaft immer wieder die gleichen Situationen gibt, in denen du auf die gleiche destruktive Art und Weise reagierst, dann werde dir zunächst dieser Momente bewusst. Die Augenblicke wahrzunehmen, in denen du zum „trotzigen kleinen Jungen" wirst, der ihr „nichts recht machen kann", sind wertvoll. Genauso die Momente, in denen sich in dir der „wutentbrannte Kontrolletti" zeigt, der auf der Stelle eine Lösung verlangt. Auch der „angepasste kleine Junge", der Harmonie liebt und versucht zu beschwichtigen, braucht Aufmerksamkeit, wenn er da ist. Sicherlich gibt es auch noch andere Anteile in Mann und Frau, die gesehen werden wollen.

Es gibt viele Formen, getriggert zu sein und dann zu reagieren. Wichtig ist es nur, zu verstehen, dass diese erlernten Reaktionen schlimmstenfalls dazu führen, die gleiche Runde von Ärger und Streit wie lange bekannt noch einmal zu drehen. Umso bewusster es dir wird, desto eher kannst du deine Erstreaktion erkennen und umlenken. Und wenn du schon sehr geübt darin bist, wirst du irgendwann mit Humor an die Sache herangehen können. Dann wirst du lachend vor deiner Frau stehen und vielleicht sagen:

„Schatz, warte mal eben, ich muss gerade wieder bis drei zählen. Eins, zwei, drei. Und jetzt kannst du noch einmal ganz in Ruhe sagen, was du jetzt gerade von mir möchtest."

Und deine Frau kann irgendwann zu dir sagen: „Schatz, ich muss ein heikles Thema mit dir besprechen. Kannst du mal eben prophylaktisch bis drei zählen?"

Mit Humor steigst du aus dem alten Drama aus und fütterst ihr emotionales Hineinsteigern nicht weiter. Genauso wird sie es lernen, ihre Muster fallen zu lassen – oder aus deiner Inszenierung eines gemeinsamen Dramas auszusteigen, wenn du gerade wieder altes Verhalten zeigst.

Aufmerksam machen möchte ich dich auch noch auf ein Phänomen, das mir selbst immer wieder auffällt. Der Neurobiologe und Hirnforscher Dr. Gerald Hüther hat in einem Interview die These aufgestellt, dass es durch jahrhundertelange kriegerische Aktivitäten auf diesem Planeten keinen erlernten Umgang mit Frieden gibt. Niemand hat uns beigebracht, wie wir uns verhalten, was wir denken und wie wir fühlen können, sobald Frieden herrscht. Unsere Eltern oder Großeltern oder Urgroßeltern haben möglicherweise mehrere Kriege erlebt. Vielleicht haben sie dabei traumatische

Erfahrungen machen müssen. Ihr Verhalten, ihr Fühlen und ihr Denken wirkt sich aufgrund von Traumata bis in die heutigen Generationen aus. Meine gute Freundin und Kollegin Sabine Lück hat zwei Bücher zur transgenerativen Weitergabe von Trauma geschrieben. Dort wird erklärt, was es bedeutet, wenn unsere Vorfahren traumatisiert wurden und welche Auswirkungen das sogar noch auf unsere Kinder hat.

Ich beobachte bei meinen Paaren und auch in meiner eigenen Partnerschaft, dass Langeweile manchmal schwer auszuhalten ist (also Frieden und Stille ungewohnt sind). Oft wird dieser Zustand durch genussvolle Erlebnisse im Außen gefüllt.

Gibt es aber gerade keine Ablenkung im Außen, neigen wir dazu, entweder Medien zu konsumieren – oder Streit vom Zaun zu brechen. Sich zu streiten bedeutet nämlich, künstlich eine Atmosphäre zu schaffen, in der unser Körper wieder Adrenalin, Dopamin und andere Hormone produziert, die uns einen Kick verpassen. Die Langeweile muss nicht länger ausgehalten werden, weil ja Streit da ist.

Wie können wir uns also selbst aushalten – und dann auch noch den anderen –, wenn es keinen gemeinsamen Dopaminkick gibt? Wir haben häufig eher gelernt, über das Streiten in eine Verbindung zu gehen als über ein friedvolles Miteinander.

Deshalb braucht es aus meiner Sicht in der heutigen aufwühlenden Zeit gemeinsame Pläne und Visionen oder einen geteilten Sinn in Paarbeziehungen. Der Sinn ist durch

Hausbau, Kinder, Karriere vielleicht zunächst gegeben, aber was, wenn alles erledigt ist? Die Partnerschaft sollte aus meiner Sicht dazu dienen, sich gegenseitig in seiner Einzigartigkeit anzuerkennen und die besonderen Fähigkeiten des Einzelnen zu unterstützen und zu fördern. Ich wünsche mir ein bedingungsloses Interesse aneinander, bei dem es nicht vorrangig darum geht, vom anderen etwas zu brauchen, sondern darum, einander etwas zu geben, ohne eine Gegenleistung dafür zu erwarten. Das erscheint mir die einzige gesunde Basis für eine Partnerschaft. Eine gemeinsame Ausrichtung, die es auch ermöglicht, der Sinnlosigkeit des Weltgeschehens damit zu begegnen, Liebe in die Welt zu tragen.

Vielleicht gefällt dir auch die Idee, dass es eine gemeinsame Richtung sein kann, die Sexualität auf erfüllende, stärkende und würdevolle Weise neu zu kreieren und zu leben.

Auch das Paar aus meiner Beratung übt sich jetzt darin, ihren Triggern mit mehr Humor zu begegnen. Sie möchten sich tiefer und tiefer aufeinander einlassen, um herauszufinden, worin sie einen gemeinsamen Sinn finden können. Die Verfeinerung der Kommunikation ist ein guter Anfang.

Folgendes möchte ich dir noch zusammenfassend mit auf den Weg geben:

1. Schaue mit Humor auf dein altes Verhalten und spreche es aus, wenn du gerade getriggert bist.

2. Sei milde mit dir, wenn es dir nicht sofort gelingt und du wieder aus der Haut fährst. Ergreife die zweite Chance, indem du (wenn du dich beruhigt hast) zu ihr gehst,

dich entschuldigst und ihr erklärst, was mit dir gerade wieder passiert ist. Das schafft Verbindung.

3. Falls du dazu neigst, aus dem Kontakt zu gehen und wegzulaufen, komme zurück, wenn es für dich geht. Erzähle ihr, was gerade dazu geführt hat. Gehe wieder in die Verbindung.

4. Suche dir stimmige Sätze, die du kurz und knapp sagen kannst, wenn du getriggert bist und dich sammeln musst. Beispiele:

„Nein, Schatz, zu diesem Thema sage ich erst wieder etwas, wenn wir uns beide beruhigt haben.“

„Ich weiß, wie wichtig es für dich ist, zu reden. In dieser Stimmung steige ich aber nicht mit ein. Ich warte, bis ich wieder klar bin.

5. Missbrauche „Streiten“ nicht zur Stimulanz. Schaue lieber, was du positiv dazu beitragen kannst, dass ihr gemeinsame Visionen entwickelt und euch gegenseitig in eurer Einzigartigkeit stärkt. Etwas Sinnvolles gemeinsam zu gestalten macht eine Partnerschaft stark und glücklich.

6. Sei ehrlich zu dir und zu ihr.

Da Ehrlichkeit in meiner Partnerschaft mein wichtigster Wert ist, widme ich dieser das nächste Kapitel. Zudem bin ich davon überzeugt, dass Ehrlichkeit einen der größten Hebel darstellt, als Paar Zufriedenheit und Erfüllung zu erleben und sich wirklich bewusst und authentisch zu begegnen.

14. Wenn du dich selbst belügst,
wird sie niemals herausfinden,
wer du wirklich bist – und du auch nicht

„Du sollst verdammt noch mal ehrlich sein!", schreit sie ihn aufgebracht an, während sie die Vorbereitungen für die Geburtstagsparty ihres Sohnes trifft. „Wenn du keine Lust hast, mitzuhelfen und mit den Jungs nachher nach draußen auf den Bolzplatz zu gehen, dann sag es einfach von Anfang an." Sie kann sich nicht mehr beherrschen, weil sie so wütend auf ihn ist.

„Was soll das heißen?", fragt er verwirrt und irritiert. „Ich bin extra früher nachhause gekommen. Was ist dein Problem? Bin ich hier oder nicht?"

„Du hast keine Lust, ich sehe es dir an. Das versaut die ganze Stimmung", kontert sie.

Gerade ist die kritische Schwelle spürbar, an der er sich vor Wut innerlich zurückziehen will. Er bekommt sich gerade noch gut genug in den Griff, um nicht die Tür hinter sich zuzuschlagen und für den Rest des Nachmittags zu verschwinden. Er atmet einmal tief durch und nimmt noch einem zweiten und dritten Atemzug, um seine Stimmung zu regulieren. Yessss! Es funktioniert. Er hat wirklich dazugelernt in der Paarberatung. Stolz über die eigenen Fortschritte kann er nun mit einer entspannteren Grundhaltung zurück ins Gespräch gehen. Fehlende Ehrlichkeit hat sie ihm eben vorgeworfen. Das ist doch ein guter Einstieg für eine Klärung.

„Schatz, ich sehe, was du schon den ganzen Tag tust. Ich

bin jetzt da, ich gehe nach dem Kuchenessen mit den Jungs auf den Bolzplatz, wie versprochen. Es ist mir egal, ob ich dazu Lust habe oder nicht. Ich mach´s einfach. Und was gibt es jetzt zu tun? Ich kann es machen." Mit Stolz über seine Beherrschung steht er vor ihr.

Sie schaut kurz auf, nachdem sie den Ofen wieder geschlossen hat und der heiße Kuchen nun auf der Arbeitsfläche vor sich hin dampft. Langsam beruhigt sie sich. Auch wenn sie gar nicht genau hingehört hat, verändert sich ihre Stimmung merklich.

„Was hast du gesagt?", fragt sie jetzt wie aus dem Schlaf erwachend.

„Ich gehe nachher mit den Jungs auf den Bolzplatz. Ich habe keine Lust und gehe trotzdem, weil ich es versprochen habe. Was kann ich jetzt noch tun? Ich bin da", wiederholt er sein Statement.

„Nimmst du mich mal eben in den Arm?" Auch sie hat dazugelernt und atmet jetzt erst einmal durch. „Nimmst du mich mal eben in den Arm?", fragt sie ihn und schaut ihn dabei an.

Jetzt lächelt er dankbar. „Na klar, komm her. Ganz schön viel heute", sagt er noch mitfühlend, bevor er sie in den Arm nimmt.

„Weißt du", sagt sie daraufhin, „weißt du, wie gut es tut, dass wir diese Momente jetzt haben?" Dankbar schaut sie ihn an.

„Wenn wir uns gegenseitig sagen können, was mit uns gerade los ist, dann ist doch alles gut", bekräftigt er.

„Na ja, ich bin heute völlig nervös, möchte, dass auch alles klappt. Und ich hatte Panik, dass ich womöglich auch noch mit den wilden Jungs raus auf den Bolzplatz muss. Bin ich froh, dass du das machst", sagt sie berührt. „Danke."

„Vor drei Monaten noch hätte ich die Tür geknallt und dich mit deinem Scheiß allein gelassen", sagt er mit einem humorvollen Unterton und macht bei „Scheiß" eine Geste für Anführungszeichen.

„Das war echt schlimm für mich", erinnert sie sich, als wäre es schon lange her. „Wie schön, dass es heute anders läuft."

Beide sind sich einig, dies beim nächsten Coaching-Termin unbedingt erzählen zu wollen.

Vier Wochen später:

Sie kommen heute in die Praxis mit einem Lächeln im Gesicht. Beide. Ich bin sehr verwundert, weil es „früher" mit diesem Paar mal ganz anders war.

Ich frage sie als Erstes, was sie beide lächeln lässt, und höre von ihm mit einem stolzen Unterton, was sich am Geburtstag des Sohnes ereignet hat.

Wie sehr ich mich immer freue, wenn Paare mir berichten, wie sie ihre Konflikte anders lösen konnten als bisher! Immer entsteht so viel mehr Nähe und Tiefe bei diesen Paaren.

„Was glaubt ihr, was euer Geheimrezept ist?", frage ich die beiden.

Sie schauen einander auffordernd an, geben sich dann aber beide einen Moment zum Überlegen.

Er beginnt zu reflektieren und sagt: „Also ich kann nur von mir sprechen. Ich bekomme jetzt immer früher mit, was in mir los ist, wenn ich wütend werde, abhauen will, ausbrechen möchte. Und ich bekomme mich schneller wieder unter Kontrolle."

„Hat das etwas mit der Ehrlichkeit zu dir selbst zu tun?", hake ich nach, während er weiter überlegt.

„Und ich bekomme mich schneller wieder unter Kontrolle."

„Ich glaube ja. Am Geburtstag unseres Sohnes hat sie mir vorgeworfen", dabei nickt er belustigt hinüber zu seiner Frau, „keine Lust zu haben, mit den Jungs zum Bolzplatz zu gehen. Und nachdem ich mich beherrschen konnte, nicht sofort abzuhauen, und mich innerlich gefragt habe, ob sie recht hat, konnte ich nur Ja sagen. Ja, ich hatte keine Lust, das stimmt. Und ich habe mich entschieden, es trotzdem zu tun. Das war für mich ein Durchbruch. Früher hätte ich ihr gesagt, das sei gar nicht wahr und so weiter, und hätte meinerseits Vorwürfe erhoben. Dieses Mal war es anders."

Ein strahlender Mann sitzt mir gegenüber. Seine Frau strahlt allerdings auch.

An dieser Stelle erkläre ich dem Paar, wie Ehrlichkeit aus meiner Sicht wirkt. Du kannst gerne lauschen.

Ehrlichkeit ist der für mich persönlich wichtigste Wert im Leben, sowohl in meiner Partnerschaft als auch gegenüber meinen Kindern und in allen anderen Beziehungen. Durch Ehrlichkeit halte ich mir Probleme vom Hals, auch wenn es manchmal so aussieht, als würde ich mir zunächst einmal welche erschaffen.

Ehrlichkeit bedeutet viel mehr als „nicht zu lügen" – und sie braucht den ersten Schritt vor dem zweiten.

Was meine ich damit? Alles beginnt mit mir selbst und mit dir. Ich muss erst einmal selbst spüren, was in mir gerade los ist. Wenn ich dieses ohne Vorwurf zu kommunizieren lerne, weiß der andere, woran er ist. Das bedeutet, dass die allergrößte Aufgabe darin besteht, bei sich selbst mitzubekommen, was in einer Konfliktsituation gerade passiert. Das muss geübt werden, ist jedoch leicht erlernbar, wenn man den richtigen Sparringspartner hat.

Er darf er selbst sein, so wie er jetzt gerade ist.

Die größte Herausforderung für den Mann besteht aus meiner Erfahrung darin, sich den Gefühlen, die er hat, wirklich bewusst zu werden. Denn immer noch haben die meisten Männer gelernt, dass ein Indianer keinen Schmerz kennt und nur Mädchen weinen. In den jüngeren Generationen fällt mir dagegen auf, dass hier propagiert wird, MANN müsste unbedingt Gefühle zeigen, damit FRAU ihn interessant findet.

Ich halte alles für richtig, was gefühlt wird, um sich selbst klarer und ehrlicher ausdrücken zu können. Es ist egal, ob ein Mann weinen kann oder nicht – er muss nicht jedes Gefühl zeigen können. Da gibt es kein Richtig oder Falsch. Er darf er selbst sein, so wie er jetzt gerade ist. Und wenn er Gefühle (noch) nicht wahrnimmt und nicht zeigt, dann ist auch das okay.

So wie der Mann im obigen Beispiel wunderbar erklären kann, dass der Spruch seiner Frau bei ihm eingeschlagen ist und ihn getriggert hat. Da er sich selbst spüren kann und für sich klar hat, dass es seine Aufgabe ist, sich zunächst selbst zu regulieren, bleibt er handlungsfähig. Egal, wie irrsinnig die Aussage seiner Frau auf ihn wirkt, kann er den Moment der Wachheit nutzen, um weder zum „beleidigten kleinen Jungen" zu werden noch zum „strengen Vater", der sie maßregeln muss.

Das Einzige, was er zunächst macht, ist, durchzuatmen und sich selbst zu regulieren in dem Wissen, dass da gerade ein Trigger wirkt. „Verzögerung der Erstreaktion auf seine Frau" ist seine Taktik. Was daraus entstehen kann, hast du oben gelesen.

Sobald Vorwürfe und Anklagen sich abwechseln, geht es gar nicht mehr um den tatsächlichen Konflikt.

Dieses bedeutet also, dass, bevor Ehrlichkeit verbal ausgedrückt werden kann, zunächst ein innerer Prozess eingeleitet werden muss. Dieser erfolgt durch die Bewusstwerdung der Gefühle und Gedanken in dem herausfordernden Moment.

Der Mann im Beispiel oben kann durch die aufgebrachte Disziplin (nicht sofort reagieren zu müssen) erkennen, dass er zwar keine Lust hat, ihn dies aber nicht davon abhält, seine Zusage einzuhalten. Als er das wahrnimmt, kann er es auch kommunizieren.

Wenn Kommunikation so oder ähnlich erfolgt, dann kommt durch die entstehende Klarheit automatisch Tiefe in die Paarbeziehung. Dann weiß die Frau, wie der Mann fühlt und was ihn bewegt, und das verbindet das Paar wieder miteinander.

Sobald Vorwürfe und Anklagen sich abwechseln, geht es gar

nicht mehr um den tatsächlichen Konflikt. Häufig werden Erinnerungen an lange zurückliegende Verletzungen wach. Diese haben ihre Ursache manchmal bereits in der eigenen Kindheitsgeschichte, die in der Partnerschaft fortgesetzt wird. Bei der Frau könnte es sein, dass sie sich als Kind oft mit viel zu viel Verantwortung alleingelassen gefühlt hat. Der Fluchtinstinkt beim Mann lässt eine dominante Mutter vermuten, gegen die er vielleicht keine Chance hatte, verbal anzukommen. Somit war es seine Strategie zu gehen.

Dem Paar ist bewusst, dass das Verständnis für die eigenen Trigger und die des anderen dazu führt, ihre Verbindung zu halten.

Viele Paare erleben immer wieder die gleichen oder ähnliche Konfliktsituationen, in denen sie dann in eine Dauerschleife von Vorwürfen, Schweigen und Leiden geraten. Allein aus diesen alten Mustern des Streitens herauszukommen ist sehr schwierig, wo alles eingefahren ist. Es braucht die Sicht von außen, damit es wieder andere Handlungsmöglichkeiten gibt.

Damit du gebündelt mitnehmen kannst, warum Ehrlichkeit zu sich selbst der Beginn ist, hier noch einmal die Zusammenfassung:

1. Sei ehrlich zu dir selbst, indem du in dir spürst und hörst, was gerade los ist.

2. Sag ihr, was dich bewegt. Übernehme die volle Verantwortung für alles, was an Gedanken, Gefühlen und Reaktionen in dir abläuft, und teile dich mit. Die Verbundenheit, die dadurch entsteht, wird euch beide tragen.

3. Du kannst in dem Moment, die Konsequenzen deiner ehrlichen Offenbarung nicht kontrollieren, sei dir aber sicher: Dein Mut wird belohnt. Er ist die Tür ins Glück.

4. Stelle dich der Tiefe, die in eurer Beziehung entsteht, wenn du dir deiner selbst bewusst wirst.

5. Flüchte nicht vor dem Fühlen, denn wenn du bei dir ankommst, kommst du auch bei ihr an.

Wie du vielleicht mitbekommst, bewegt mich das Thema „Ehrlichkeit zu sich selbst" sehr.

Du erkennst damit, wer du wirklich bist. Es kann zu einer wunderbaren Entdeckungsreise zu dir selbst werden. Und Frauen lieben es, wenn der Mann sie daran teilhaben lässt, was er wieder in sich entdeckt hat. Damit erkennt sie deine Tiefe, und dadurch entsteht Nähe und Verbundenheit.

15. Möchtest du wieder Leiden verursachen oder erfahren, wie sexy und erfüllend ein ehrliches Leben mit ihr ist?

Heute ist wieder Paarabend. Mittlerweile überwiegt bei beiden Partnern die Vorfreude auf den gemeinsamen Abend, und die Angst vor Streitereien weicht so langsam.

Sie sind sich einig, weiterreden zu wollen – über Sex. Nachdem sie in der Woche zuvor den Anfang gemacht hatten, fällt es ihnen heute etwas leichter, eine Sprache zu finden für das, was es zu sagen gibt. Wieder ist da diese schöne entspannte, gemütliche Atmosphäre, und wieder sind die Kinder gut im Bett und schon eingeschlafen.

Eine Flasche Wein steht auf dem Tisch, beim Eingießen beginnt er: „Ich habe mich so auf diesen Abend gefreut, dass mein ganzer Tag entspannt war. Mir geht es gut heute Abend und ich stelle fest, dass ich dich gerade sexy finde." Er setzt sich.

Ein wenig überrascht versucht sie zu verdauen, was sie gerade gehört hat. Mutig erwidert sie: „Mmmh, ich stelle gerade fest, dass mich allein das Wort „sexy" total unter Druck setzt. Und ich verstehe selbst nicht, warum. Als hättest du gesagt, dass du sofort mit mir ins Bett willst. Hmm." Sie überlegt kurz, ob es noch mehr zu sagen gibt in diesem Moment. Währenddessen merkt er, dass er sich am liebsten sofort empört hätte. Er mäßigt sich aber und reagiert nicht sofort. Gelernt ist gelernt.

Nachdenklich und immer noch ruhig, forscht er nach

seiner inneren Wahrheit. Das war es ja, was sie im Coaching besprochen hatten: Erst in Ruhe überlegen und spüren, was jetzt gerade ist, was die Worte auslösen, die er von ihr hört.

„Ich fühle mich wie ein notgeiler Bock, wenn du sagst, dass das Wort ‚sexy' dir schon so viel Druck macht. Dabei wollte ich dir im Grunde nur sagen, wie schön ich dich finde, auch nach so vielen Jahren noch. Und ich bin so stolz, dein Mann zu sein", offenbart er ihr seine Gedanken.

Bei seinen Worten entspannt sie sich total. Die Atmosphäre im Raum verändert sich.

„Das kann ich gut annehmen, wenn du das so sagst", bemerkt sie. „Damit fühle ich mich gut. Gerade merke ich, wie schnell ich mich auf ein Sexobjekt reduziert fühle, wenn du das Wort ‚sexy' aussprichst. Das ist verrückt. So meinst du es ja gar nicht."

„Gerade merke ich, wie schnell ich mich auf ein Sexobjekt reduziert fühle."

„Wie gut, darüber gesprochen zu haben", sagt er, humorvoll grinsend. „Und jetzt?", fährt er fort.

Sie rutscht zu ihm in seine Ecke des Sofas und kuschelt sich an ihn. „Weißt du, wie schwer es mir fällt, überhaupt das Wort ‚Sex' in den Mund zu nehmen?", beschreibt sie gerade ihre Gedanken. „Das ist bei uns so sehr eingeschlafen nach Luca, und er ist schon zwei. Ich fühle mich wie eine Anfängerin."

„Lässt sich ja ändern", sagt er pragmatisch und mit einem Lächeln, während er es genießt, sie im Arm zu halten.

Bei ihm bahnt sich gerade die Lust ihren Weg. Noch traut er

sich nicht, es zu formulieren. „Sonst ist der schöne Moment wieder zerstört", ist seine Befürchtung.

„Ich möchte es anders als bisher, aber weiß nicht wie", stellt sie fest.

„Wie machst du es denn mit dir allein? Vielleicht kann ich etwas davon lernen", setzt er das Gespräch fort.

„Du willst dich wirklich darauf einlassen, dass wir neu schauen, was mir gefällt?", fragt sie ungläubig.

„Warum denn nicht? Besser, als wenn wir gar keinen Sex mehr haben. Ich bin offen dafür", kündigt er an. „Du könntest es mir ja zeigen."

„Puh, das ist mir aber peinlich! Manno, fällt es mir schwer, darüber zu sprechen", stellt sie ein wenig verzweifelt fest. „Und dann soll ich es dir auch noch zeigen?"

„Eigentlich wollte er dieses ganze weichgespülte Geschwafel nie."

Während sie noch zweifelnd und überfordert nach Worten ringt, ist er bereits total in seinem Element. Schon das Reden über Sex ist Balsam für seine Seele, stellt er fest. Und eigentlich wollte er dieses ganze weichgespülte Geschwafel ja nie. Seele, Tiefe, Sanftheit, Verbundenheit – alles Begriffe, mit denen er als Mann bisher überhaupt nichts anfangen konnte. Jetzt gefallen sie ihm so langsam, auch wenn es schwer ist, das zuzugeben. Schließlich will er nicht als Weichei, Warmduscher oder Frauenversteher gelten. Gleichzeitig genießt er gerade die Nähe, die dadurch entsteht, so ehrlich zu sein, zu sich selbst und zu ihr. Eine komplett neue Erfahrung.

Beide genießen den Abend. Sie erzählt ihm später sogar mutig und trotz ihrer ursprünglichen Scham, was sie beim Sex gern mag. Sie formuliert, welche Berührungen ihr Genuss bringen und wie sie Entspannung und Befriedigung erlebt. Sie transportiert das alles allein mit Worten.

Ihre Worte produzieren in seinem Hirn direkt Filme. Gleichzeitig fragt er sich, ob es ihm auch gefallen könnte und er so am Ende überhaupt befriedigt wäre. Schließlich hört sich alles so ganz anders an als ihr bisheriges Sexleben, bei dem es vor allem um Stimulanz ging. Während alles, was seine Frau in der letzten Stunde erzählt hat, in seinem Kopf kreist, schläft sie in seinen Armen friedlich ein.

Auch wenn es heute noch keinen Sex gab, haben ihre Worte zumindest seine Fantasie angeregt. „Es ist wirklich schön, dass sie ihre Scheu vor einem Gespräch über Sex verloren hat", denkt er erfreut, obwohl ihm nach viel mehr gewesen wäre und seine Geduld sehr auf die Probe gestellt wurde.

„Es ist wirklich schön, dass sie ihre Scheu vor einem Gespräch über Sex verloren hat."

Im nächsten Beratungstermin können sie somit wieder ein Erfolgserlebnis kundtun.

Zwei Wochen später:

Das Paar kommt heute anders in den Raum. Was passiert ist, werde ich gleich erfahren.

„Ich möchte beginnen", sagt sie direkt, nachdem beide in den großen gemütlichen Sesseln Platz genommen haben.

Ich mache eine einladende Geste und sie beginnt: „Wir haben es getan."

Das klingt nach einem Teenager, der gerade sein erstes Mal feiert, denke ich.

„Was habt ihr getan?", frage ich erfreut, schon ahnend, was kommen könnte, schließlich haben wir schon häufig über die fehlende Sexualität im Leben des Paares gesprochen.

„Wir haben unseren Paarabend vor zwei Wochen genutzt, um ausführlich über Sex zu reden, und diese Woche haben wir es dann getan", erklärt sie kurz und knapp, während er sich noch zurückhält.

„Und wie war's?", frage ich neugierig.

Jetzt übernimmt er das Wort, um auch etwas beizutragen, und fasst zusammen: „Noch eher gemischt, aber es hat Lust gemacht auf mehr."

„Das musst du mir erklären", fordere ich ihn auf.

„Es war sehr schön, von meiner Frau zu dem angeleitet zu werden, was ihr gefällt. Es hat mich aber mindestens zweimal in einen Abgrund gestürzt, das hätte ich nicht gedacht. Und wir sind wieder rausgekommen, das habe ich meiner Frau zu verdanken", schließt er seinen Bericht ab.

„Was war denn dein Abgrund?", setze ich die Fragerunde fort.

Er überlegt kurz und erklärt dann: „Ich war maximal verunsichert, sobald sie mich korrigiert hat mit dem Druck der Berührung und überhaupt dem Wie und Wo und Was. Puuuh. Zeitweise war ich der kleine Junge, der alles falsch macht

und dann keine Lust mehr hat und frustriert ist. Für mich
war es schwer, es ihr nicht sofort recht machen zu können.
Das wiederum hat sie verunsichert, weil dann meine ganze
Lust weg war und meine Erektion auch."

„Wie seid ihr da wieder herausgekommen?", frage ich weiter.

„Na ja", beginnt sie. „Ich habe es als Experiment gesehen
und war erstaunt, wie sehr es ihn verunsichern kann und
abstürzen lässt. Deshalb habe ich ihm erklärt, dass es für
mich völlig okay ist, wenn es einmal nicht weitergeht. Wir
haben dann weitergeredet, bis dadurch die Anspannung
wieder weg war und wir beide wieder Lust hatten. Es war
sehr schön, und am Ende hat es uns beide berührt und erfüllt, oder?" Sie dreht sich um zu ihrem Mann und zeigt ihr
schönstes Lächeln.

Er hatte etwas beschämt zugehört und konnte ihr nur zustimmen.

„Ich möchte euch erklären, was ich in dem sehe, wie ihr
miteinander umgeht, weil es mich berührt, wie ihr eure Krisen bewältigt", sage ich. Lieber Mann, der du hier neugierig
mitliest, ich lade dich auch zu diesem Exkurs ein.

Die Ehrlichkeit zwischen Mann und Frau führt dazu, dass
alles, was angesprochen wird, in einem Zustand der gemeinsamen Präsenz zu einer neuen aufregenden Erfahrung
wird. Wenn jeder sich selbst fühlt, so gut er kann, und bereit
ist, es zu offenbaren, entsteht etwas Neues.

Viele Paare berichten mir, es bisher noch nie erlebt zu haben, wirklich so sein zu dürfen, wie sie in einem bestimmten
Moment sind. Sie brauchen weder etwas beschönigen, wie

hier die fehlende Erektion, noch etwas zu verbergen, wie die maximale Verunsicherung. Jeder ist ehrlich zu sich und zum anderen – und damit lässt sich alles, was gerade im Weg steht, lösen. Immer.

Und wenn es nicht sofort bemerkt wird und später der Beziehung im Weg steht, dann ist das der richtige Moment, es zu lösen. Immer ist eine Lösung möglich, nichts staut sich mehr an. So wird weder der Berg unterm Teppich immer höher, noch muss die zurückgehaltene Wut entladen werden. So nah dran zu sein an dem anderen, bedeutet auch, alles aus dem Weg zu räumen, was in der Partnerschaft bereits entstanden ist. Das kann ein langer Weg sein, wenn gegenseitige Verletzungen bisher nie beiseitegeräumt wurden. Aus Angst, den anderen zu verletzen, ist oft nicht ehrlich gesprochen worden.

> **Manche Männer fallen in eine Krise, wenn sie registrieren, dass sich die Frau seit Jahren verrät.**

Gerade in der Sexualität werden Handlungen, die besonders der Frau nicht wohltun, oft nicht angesprochen. Das lässt den Mann völlig im Ungewissen darüber ist, was sie eigentlich braucht und was ihr fehlt. Manche Männer geraten in eine Krise, wenn sie registrieren, dass sich die Frau seit Jahren selbst verrät. Damit verrät sie auch ihn, der immer gedacht hat, alles sei okay, wie es ist. Wenn ich Männer frage, ob sie gemerkt haben, dass ihre Frau keine Freude mehr am Sex hat, dann sind viele sehr ehrlich. Oft bestätigen sie, dass sie es unterschwellig gespürt haben, aber dennoch froh waren, überhaupt Sex zu erleben.

Und die Männer sind oft zunächst sehr verunsichert, wenn das zum Thema wird. Dafür sind sie später umso überraschter, wenn sie spüren, was ihrer Frau wirklich Freude macht. Sobald die Frau anfängt, darauf zu vertrauen, dass es ihr möglich ist, in jeder Situation zu sagen, was ihr gefällt und was ihr nicht gefällt, fängt sie auch an, ihre eigene Lust zu leben. Weil sie nicht mehr hofft, dass es möglichst schnell vorbei ist, oder aufpassen muss, dass es nicht schmerzt, kann sie immer freier werden mit ihrer Lust.

Es hört sich für einen Mann vielleicht ziemlich hart an, sich derart neu einlassen zu sollen. Und sicherlich ist nicht jede Frau so verunsichert und beschämt wie die Frau oben im Beispiel. Dafür gibt es allerdings auch die umgekehrte Variante: einen Mann, der alles mitmacht, was sie möchte, ohne wirklich Genuss dabei zu erleben. Traumatisierte Männer fühlen sich auch manchmal von der Lust ihrer Frau überrumpelt. Auch erlebe ich Männer mit Erfahrungen von sexuellem Missbrauch in ihrer Kindheit, die unter einem besonderen Druck und einer ständigen Erregung stehen. In solchen Fällen halte ich es für notwendig, psychotherapeutische Unterstützung zu suchen. Hilfreich ist es für jeden Mann und auch für die Frau, wenn die Dinge besprochen werden können. Fang an, mit ihr zu reden, auch wenn es zunächst schwerfällt. Zum Thema Trauma werde ich in einem späteren Kapitel noch ausführlich schreiben.

Es hört sich zunächst vielleicht sehr einfach an, ehrlich zu sein, doch genau wie bei diesem Paar ist es oft sehr schwer, dabei zu bleiben. Sind wir getriggert, neigen wir dazu, in alte Muster zurückzufallen, abzutauchen, uns selbst leid zu tun, den anderen verantwortlich zu machen, oder, oder, oder ...

Die allermeisten Männer neigen dazu, aus Angst vor Konflikten unehrlich zu sein, weil die Frau ja sonst verletzt sein könnte. Ja, das kann passieren. Die Befürchtungen sind oft nicht grundlos. Letztendlich fehlt häufig der Mut, die

Konsequenzen zu tragen, die sich einstellen, wenn endlich die Wahrheit gesprochen wird. Das gilt übrigens besonders für das Fremdgehen und andere Geheimnisse vor dem Partner.

Der Angst davor, verlassen zu werden oder ein nicht mehr kontrollierbares Drama auszulösen, ist häufig größer als der Mut, endlich ehrlich zu leben.

Ehrlichkeit, wo es bisher zu wenig gab, reformiert jede Partnerschaft von Grund auf. Dabei kommen manchmal Themen zutage, die schwer zu verdauen sind, zumindest wenn das Paar keine Begleitung hat. Einige Paare trennen sich sogar, weil es ihnen unmöglich erscheint, zu verzeihen oder neu zu vertrauen. Es ist aus meiner Sicht möglich, und es lohnt sich, zu vergeben und wieder zu vertrauen, wenn beide es wollen.

Wenn du Ehrlichkeit in dein Leben einlädst, dann hat das schwerwiegende Folgen.

Es ist mir schließlich noch wichtig, dir Folgendes zu sagen: Wenn du Ehrlichkeit in dein Leben einlädst, dann hat das schwerwiegende Folgen. Es wird dir zukünftig kaum noch gelingen, Notlügen einzusetzen, ohne dass sich dein Gewissen bemerkbar macht. Doch das ist gut so.

Die Nebenwirkungen von Ehrlichkeit sind diese:

1. Du kannst dich nicht mehr selbst verarschen.

2. Du merkst vielleicht, dass deine Beziehung dich nicht erfüllt.

3. Du erkennst möglicherweise, dass dein Job, der „eigentlich" ganz gut ist, plötzlich nicht mehr machbar ist.

4. Du wirst einen Sinn suchen für dein Leben, weil dich Oberflächlichkeit nicht mehr nährt.

5. Du magst erkennen, dass du Wesentliches im Leben verpasst hast, und dich fragen, wie es jetzt weitergehen soll.

Lass dich davon bitte nicht abhalten, es mit der Ehrlichkeit zu versuchen. Denn auch an kleinen Schrauben zu drehen verändert bereits deine Partnerschaft. Ich halte es für zwingend notwendig, es sich selbst nicht allzu übel zu nehmen, sollte es wieder einmal nicht gelungen sein. Wenn erneut ein Streit entstanden ist, der im Nachhinein betrachtet unnütz war, dann kannst du wieder in den Kontakt gehen. Jederzeit hast du die Möglichkeit, zu reden, dich zu entschuldigen, dich ehrlich auszutauschen und den Weg weiterzugehen.

Ich kann aus meiner eigenen Erfahrung sagen: Es ist fantastisch, eine klare, ehrliche, liebevolle Partnerschaft zu führen und auch unsichere Zeiten gemeinsam zu meistern. Wenn alles da sein darf, was da ist, macht das stark und zufrieden. Schließlich ermöglicht es auch eine immer schönere und erfülltere Sexualität.

Lieber Mann, erlaube dir, daran zu glauben, dass alles möglich ist, wenn:

1. … du ehrlich zu dir bist.

2. … du ehrlich zu ihr bist.

3. … du all deine Baustellen, die durch Unehrlichkeit entstanden sind, auflöst und die Konsequenzen trägst.

4. ... du dir erlaubst, deine Verunsicherung und deinen Schmerz zu fühlen.

5. ... du dir gestattest, deiner Sehnsucht nach einer erfüllenden Sexualität zu folgen.

6. ... du dir zugestehst, die Nähe und Intimität zu fühlen, die Ehrlichkeit dir bringen wird, auch wenn sie erst einmal weh tun kann.

Letztendlich wirst du dein Leben auf eine leichtere, entspanntere Weise leben, wenn du authentisch bist. Ehrlichkeit ist der Wert, der dies möglich macht. Deine Frau wird es lieben, wenn sie sich auf das verlassen kann, was du sagst, fühlst und tust.

Das obige Paar zeigt, wie die Ehrlichkeit ihr Leben verändert. Sie haben wieder Lust, gemeinsam Neues auszuprobieren. Auch wenn es sich zunächst ungewohnt und holperig anfühlt, zeigt sich bei ihnen deutlich, wie sehr es sich lohnt, diesen Weg zu gehen.

16. Willst du weiterhin Erwartungen an sie haben oder dass sie dir deine Wünsche erfüllt?

Es ist früh am Morgen. Sie wacht mit einem mulmigen Gefühl auf. Ihr Mann liegt noch tief schlafend neben ihr. Vorsichtig schält sie sich aus dem Bett, nachdem sie auf die Ziffern ihres Weckers geschaut hat: 5.30 Uhr, eine für sie ungewöhnliche Zeit, wach zu werden. Wahrscheinlich liegt es daran, dass heute ihr Geburtstag ist. Die Anspannung, die so ein Festtag für sie bedeutet, überwiegt gerade die Vorfreude. Sie hat sich freigenommen, kann diesen Tag also entspannt angehen. Abends wollen Freunde kommen. Ihr Mann hat ab Mittag frei, die Kinder sind ab 14 Uhr aus der Schule zurück.

Während sie sich unter das warme Wasser der Dusche stellt, gehen ihr Gedanken durch den Kopf: „Wird er heute daran denken, wie gern ich einen schönen duftenden Blumenstrauß hätte?" Im Grunde hat sie ihre Erwartungen schon komplett heruntergeschraubt, weil sie weiß, wie sehr es ihn stresst, wenn er für jemanden ein Geburtstagsgeschenk besorgen soll. Bei den Kindern ist es genauso und bei seiner Mutter ebenfalls. Eigentlich musste schon immer sie all die Geschenke besorgen. Häufig war sie an ihren Geburtstagen auch bereits enttäuscht gewesen, weil es ihm nicht gelungen war, ihr eine echte Überraschung zu bereiten. „Deshalb auch dieses mulmige Gefühl", denkt sie gerade, als er leise zur Badezimmertür hereintritt und sie strahlend anschaut.

Seine Freude ist so ansteckend heute Morgen, dass sie sofort gute Laune bekommt und ihre dunklen Gedanken vergisst.

Dann fängt er leise an zu singen. „Happy birthday to you ..."

„Oje, wie peinlich", denkt sie, während ihr gleichzeitig Tränen der Rührung kommen.

Nachdem sie sich schnell in ein Handtuch eingewickelt hat, bedankt sie sich für das überraschende Ständchen und die Glückwünsche mit einer Umarmung.

„Schatz, ich habe viel gelernt in den letzten Wochen in der Paarberatung", beginnt er dann geheimnisvoll ein Gespräch. „Außerdem war ich ja auch schon allein im Coaching, deshalb möchte ich heute etwas ausprobieren."

Neugierig auf das, was kommt, schaut sie ihn ermutigend an.

„Womit kann ich dich heute glücklich machen?" „Also", beginnt er in einem wichtigen Ton. „Damit wir heute nicht wieder in die Erwartungsfalle tappen bezüglich meiner mangelhaften Fähigkeit, dem Anlass entsprechende Geschenke zu besorgen, möchte ich dich fragen: Womit kann ich dich heute glücklich machen? Was wünschst du dir von mir?"

Ein wenig überrascht von dieser Frage, ist es jetzt an ihr, Innenschau zu halten und zu überlegen, was ihr Wunsch ist.

„Darf ich mir alles wünschen?", fragt sie schließlich begeistert. „Na klar", antwortet er sofort. „Du kannst dir alles wünschen, und ich schaue, ob ich dir den Wunsch erfüllen kann."

Er hatte so einiges verstanden im letzten Coaching und klopft sich nun gerade lobend selbst auf die Schulter. Seine

Frau bemerkt es nicht und vielleicht hätte sie es auch nicht verstanden.

„Okay, ich hab etwas, was ich mir wünsche. Eigentlich sind es zwei Dinge. Das Zweite fällt mir gerade erst ein." Aufgeregt spricht sie weiter: „Ich wünsche mir einen richtig, richtig schönen, grooooßen Strauß mit Rosen, roten Rosen. Und wenn du denkst, dass es schon genug große Rosen sind, dann nimm einfach noch ein paar mehr." Sie reibt sich innerlich die Hände. Im Laufe ihrer Ehejahre war es schon hier und da zu einem kleinen Blumenstrauß gekommen, aber noch nie zu einem richtig großen. Ihr Mann hatte es einfach nicht eingesehen, so viel Geld für Blumen auszugeben. „Das hat er nun von seiner Frage", freut sie sich.

Mit großen Augen schaut er sie an und will gerade empört reagieren, als er sich ganz schnell stoppt und stattdessen nickend sagt: „Okay, Schatz, ich höre deinen Wunsch." Grinsend bemerkt er noch: „Und ich werde mich jeden Kommentares enthalten. Und nachher mache ich mich auf den Weg, ihn dir zu erfüllen. Was ist denn dein zweiter Wunsch?"

Oh, wie aufregend es heute Morgen für sie ist, ganz anders als erwartet: „Ich wünsche mir, dass du zukünftig mein Wünschelieferant für deine Mutter und unsere Kinder bist. Damit meine ich, dass du im Vorfeld abcheckst, welche Wünsche sie haben, und ich die Geschenke dann besorge. Teamarbeit sozusagen."

Belustigt muss er nun zugeben: „Das ist eine gute Idee. Ich hoffe, ich bin damit nicht überfordert." Dabei erkennt er gerade, wie anders er mit dem Thema „Erwartungen" umgehen kann.

Geheimnisvolle Ruhe macht sich bei beiden breit. Sie freut sich sehr über diesen schönen Start in ihren Geburtstag.

Da er das Thema „Erwartungen" im letzten Coachingtermin angesprochen hatte, möchte er unbedingt, dass seine Frau auch auf den gleichen Wissensstand gebracht wird.

Zwei Wochen später:

Das Paar mir gegenüber ist heute entspannt. Von Mal zu Mal kommen sie freudvoller in meinen Praxisraum.

Heute fängt er an zu reden, weil er gern vom Geburtstag seiner Frau erzählen möchte.

„Mein Mann hat mich mit einem riesigen Strauß roter Rosen überrascht."

„Eva, ich möchte mich bei dir bedanken für die schönen Erklärungen zum Thema Erwartungen. Vielleicht können wir heute noch einmal gemeinsam darüber sprechen", fängt er an.

„Gern", erwidere ich. „Möchtest du mir erzählen, was du erlebt hast?", lade ich ihn zum Reden ein.

„Der Geburtstag meiner Frau war in diesem Jahr so schön wie noch nie", berichtet er und schaut dabei seine Frau glücklich an. „Oder, Schatz?", fragt er sie.

„Ja, das war er", berichtet sie. „Mein Mann hat mir einen riesigen Strauß roter Rosen geschenkt, da musste er wirklich über sich hinauswachsen", bemerkt sie wertschätzend, noch immer dankbar.

„Was meinst du damit?", frage ich neugierig.

„Na ja, eigentlich sieht er überhaupt nicht ein, für Blumen
so viel Geld auszugeben. Sonst kauft er lieber für das gleiche Geld irgendetwas, was ihm sinnvoller erscheint. Und
dieses Mal hat er mich nach meinem Wunsch gefragt, und
dann musste er ziemlich über seinen Schatten springen",
beschreibt sie ihre Wahrnehmung.

„Ah, jetzt verstehe ich", sage ich, und an ihren Mann gewandt fahre ich fort: „Du hast deine Frau nach ihrem
Wunsch gefragt, weil wir in unserem Einzelgespräch über
‚Erwartungen' und ‚Enttäuschungen' gesprochen haben,
richtig?"

„Ja genau, und damit meine Frau den gleichen
Kenntnisstand hat wie ich, wäre es schön, wenn
du heute noch einmal etwas dazu sagen könntest."

Ein Indianer kennt keinen Schmerz.

Beflügelt von dem gelungenen Geburtstag sind beide einverstanden mit dem Vorschlag über ERWARTUNGEN und
ENTTÄUSCHUNGEN zu sprechen. Und wenn du neugierig
geworden bist, wie ich darüber denke, dann lese gern
weiter.

Für mich sind zuallererst einmal Erwartungen schon ganz
früh Teil der menschlichen Erfahrung. Jeder Mensch wird
in einer Familie groß, in der unterschiedliche Dinge ausgesprochen oder auch unausgesprochen erwartet werden.

Beispiele: Sei freundlich. Benimmt dich. Sei nicht so wild,
nicht so laut, reiß dich zusammen. Ein Indianer kennt keinen Schmerz. Du bist doch kein Mädchen. Alles, was hier im
Haus passiert, bleibt im Haus. Solange du deine Füße unter
meinen Tisch stellst …

Hinter allen diesen und ähnlichen Aussagen stecken Erwartungen. Sie kommen den meisten Menschen bekannt vor. Auch erlebe ich in meiner Praxis Paare, die davon erzählen, wie sie als Kinder nach außen die Fassade der Familie aufrechterhalten mussten. Manchmal gibt es in den eigenen vier Wänden emotionale oder körperliche Gewalt, Missbrauch oder Alkoholabhängigkeit. Depression und andere psychische Erkrankungen von Eltern haben einige Menschen früh miterlebt. Sich damit zu zeigen oder gar Hilfe zu holen, war oft nicht möglich, weil erwartet wurde, dass die Loyalität zur Familie an oberster Stelle steht.

Auch in Familien, in denen es keine derartig traumatisierenden Themen gab, waren Erwartungen an der Tagesordnung. Es wurde erwartet – manchmal auch ohne es auszusprechen –, dass den Eltern gehorcht wird, dass gegessen wird, was auf den Tisch kommt, oder dass zu tun ist, was Erwachsene verlangen. Lehrer haben erwartet, dass Kinder lernen, sich benehmen, keine Widerworte geben. Es hatte Konsequenzen, bis hin zur Bestrafung, wenn dem nicht entsprochen wurde.

Eltern erwarten von ihren Kindern, ein guter Sohn oder eine gute Tochter zu sein, sie regelmäßig zu besuchen oder anzurufen, eigene Kinder zu bekommen, Karriere zu machen und so weiter. Bei Erwartungen kann es sich sowohl um gesellschaftliche, wie auch um familiäre oder partnerschaftliche handeln.

Den bewussten Erwartungen, was ein Mensch zu tun oder zu lassen hat, stehen auch noch unbewusste gegenüber, die mit den Erfahrungen einer einzelnen Person eng verknüpft sind. Wer als Kind zum Beispiel keine konstante Beziehung zu den Eltern hatte und häufig seine Bedürfnisse nicht erfüllt bekam, erwartet oft unbewusst vom Partner, von den Kollegen, dem Chef, den Kindern, den Freunden, einem Therapeuten oder noch anderen, diese mögen doch endlich diejenigen sein, die einem die Bedürfnisse erfüllen.

Menschen neigen unbewusst dazu, in all ihren späteren Beziehungen die schmerzlichen Erfahrungen aus ihrer Kindheit zu wiederholen und ihre unerfüllten Grundbedürfnisse von damals erneut zu spüren. Ohne es selbst zu merken, gehen sie davon aus, dass sich ihr Leben auf die gleiche schmerzhafte, negative Art fortsetzt, wie sie es aus ihrer Kindheit kennen. Sie suchen sich ohne jegliche Absicht Partnerschaften, die sie unerfüllt lassen, einen cholerischen Chef, eine Arbeitsstelle mit lästernden Kollegen und so weiter. Dieser unbewusste Drang zur Wiederholung zieht sich manchmal wie ein roter Faden durch das Leben eines Menschen.

Wenn die Welt für das Kind gefährlich war, dann ist es besser, sich stets auf Negatives gefasst zu machen, als davon überrascht zu werden. Außerdem fehlt es hier oft an tatsächlichen positiven Erfahrungen, die als Erinnerung abgespeichert sind und auf die vertrauensvoll zurückgegriffen werden kann. Kinder, die viele negative Erfahrungen machen mussten, sind als Erwachsene sehr gut darin, in einer gefährlichen Welt zu bestehen. Dadurch kreieren sie aber tragischerweise auch unbewusst immer neues Unheil.

Hier zeigt sich immer wieder: Wenn die Erfahrungen in der Kindheit sehr negativ waren, ist auch die Erwartung an den Partner oder die Partnerin sehr, sehr hoch. Aus dem alten Mangel heraus gibt es eine große Sehnsucht danach, doch endlich den einen Menschen zu finden, der einem das bieten kann, was schon in der Kindheit schmerzhaft vermisst wurde. Damit ist jedoch jede Partnerschaft maßlos überfordert. Denn wenn ein Bedürfnis nicht zur richtigen Zeit im Leben erfüllt wurde, kann das später die Frau oder der Mann auch nicht nachholen. Es wäre Aufgabe der Eltern gewesen. Das große seelische Loch, das unerfüllte Bedürfnisse aus der Kindheit hinterlassen, kann kein Partner und keine Partnerin füllen.

Hier ein Beispiel: Ist ein Mann in der Kindheit immer wieder von seinen Eltern alleingelassen oder im Stich gelassen worden, so ist seine schlimmste Befürchtung als Erwachsener, von seiner Partnerin verlassen zu werden. Um das zu vermeiden, ist seine Aufmerksamkeit automatisch darauf gerichtet, woran er erkennen könnte, dass sie ihn verlassen will. Das kann dann zu Überreaktionen wie Eifersucht und Kontrollwahn führen – oder zu Erwartungen an die Frau, doch lieber zuhause bei ihm zu bleiben, keine Freundschaften zu pflegen und nicht allein rauszugehen. Letztendlich führt ein solches Verhalten dann erst recht dazu, dass die Frau gehen will. Nicht alle gehen tatsächlich, doch setzt sie ihren Wunsch in die Tat um und trennt sich, haben sich für den Mann am Ende alle negativen Erwartungen erfüllt. Das ist die klassische sich selbst erfüllende Prophezeiung.

Extreme Verhaltensweisen in Partnerschaften sind häufig auf Traumata zurückzuführen. Sobald Bewusstheit darüber einsetzt, kann die Dauerschleife von negativen Erfahrungen und Enttäuschungen aufhören und Heilung beginnen. Therapeutische Unterstützung ist hier hilfreich und oft auch notwendig, wenn Mann und Frau als Paar eine Chance haben möchten.

Ich komme jetzt noch einmal zu meinem Paar aus dem Beispiel zurück und zu den Erwartungen, die ich in der Begleitung von Partnerschaftskrisen so häufig erlebe. Hier geht es mir um alltägliche unausgesprochene Erwartungen. Dafür habe ich eine eigene Definition, die ein wenig radikal klingen mag:

Für mich ist eine Erwartung an den Partner oder die Partnerin ein feiger Versuch, einen Wunsch erfüllt zu bekommen, ohne ihn aussprechen zu müssen.

Damit hat der oder die andere nicht einmal die Chance, Ja oder Nein zu dem Wunsch zu sagen. Gleichzeitig wird auch noch ein Hellsehen oder Gedankenlesen vorausgesetzt. Und wenn die unausgesprochene Erwartung dann vom anderen nicht erfüllt wird, ist dieses bereits der Beweis dafür, nicht geliebt zu werden. Verrückt, oder?

Im obigen Beispiel hat die Frau jahrelang die Erwartung gehegt, ihr Mann möge sie doch zu ihrem Geburtstag einmal so richtig mit Blumen überraschen. Dabei hat ihr Mann zwar geahnt, dass sie Blumen mag, hätte aber niemals einen so großen Strauß gekauft, wie es ihrem Wunsch entsprach. Da er sie nie gefragt hatte (bis zu diesem aktuellen Geburtstag), war trotz Blumen als Geschenk immer ein schaler Nachgeschmack geblieben. Für ihn waren riesige Blumensträuße Geldverschwendung, während sein üblicher kleiner Strauß bei ihr immer ein Gefühl der Enttäuschung hinterlassen hatte. Sie hatte sich nie richtig freuen können, während er sich genötigt fühlte, neben den Blumen noch ein weiteres Geschenk zu kaufen. Sie konnte dieses aber nicht wirklich wertschätzen und fühlte deshalb auch keine echte Dankbarkeit.

So sind die beiden jahrelang durch Missverständnisse in

ihrer Freude getrübt gewesen. In diesem Jahr allerdings hatte er seine Strategie verändert und sie gefragt. Somit konnte er ihr ihren ureigensten Wunsch nach einem riesigen Blumenstrauß erfüllen. Dieses wundervolle Strahlen in den Augen seiner Frau ist ihm so in Erinnerung geblieben, dass er beschlossen hat, sie jetzt jedes Jahr neu zu fragen, was sie sich zum Geburtstag wünscht. Und er würde, so konnte er es formulieren, immer wieder so viel Geld für das Leuchten in ihren Augen ausgeben.

Klingt das alles logisch für dich? Ich glaube, dass sich viele Paare aus Angst vor einem Nein nicht trauen, Wünsche auszusprechen. Klar muss ich damit rechnen, eine Abfuhr zu bekommen, wenn ich einen Wunsch äußere. „Schatz, kannst du uns heute nach der Arbeit Brot vom Bäcker mitbringen?" – „Nein heute geht das nicht, ich komme so spät, dass der Bäcker zu haben wird. Sorry." Doch ist das ein Problem?

Ich glaube, dass sich viele Paare aus Angst vor dem NEIN nicht trauen, Wünsche auszusprechen.

Beim nächsten Mal kann es schon anders sein: „Ich habe einen Kuchen für uns gebacken. Hast du Lust, spontan früher freizumachen?" – „Oh, was für eine schöne Idee. Heute mache ich das. Ich gönne mir die Spontanität."

Oder: „Schatz, ich habe Lust auf Sex und den Wunsch, dass wir uns wieder Zeit dafür nehmen. Was denkst du dazu?"– „Den Wunsch habe ich auch, Schatz. Heute Abend bin ich erst beim Sport, lass uns eine passende Zeit für uns beide finden."

Lieber Mann, ich spreche dich hier ganz direkt an: Wenn du Lust auf Sex hast und deine Frau eher diejenige ist, die weniger Lust hat, dann erwarte nicht, dass sie es merkt. Denn damit begibst du dich in die Opferrolle und in eine Endlosschleife von Dauerenttäuschungen. Gleichzeitig turnst du sie damit immer weiter ab.

Vielleicht kennst du Gedankenschleifen wie diese: Nie will sie mit mir Sex. Warum muss ich das immer ansprechen? Wenn ich das nicht anspreche, haben wir gar keinen Sex mehr. Sie soll mich mal wieder begehren wie zu Anfang. Ich möchte das Feuer von früher wieder spüren. Warum ist sie nur noch für die Kinder da? Liebt sie mich überhaupt noch? Wenn das so weitergeht, muss ich mir etwas anderes suchen. Das mache ich nicht mehr lange so mit, das hat sie dann davon, selbst schuld. Dann muss ich mich eben trennen. Und so weiter ...

Wenn du so denkst, wirst du eine Ausstrahlung haben, die deine Frau in die Flucht schlägt, statt sie zu dir ins Bett zu locken. Außerdem wird es dir selbst mit ihr immer schlechter gehen. Eine Abwärtsspirale dreht sich, allein durch deine Gedanken. Am Ende gibt es keine Lösung, sondern nur schlaflose Nächte. Was aber kannst du stattdessen tun?

Meine Idee dazu ist es, das Gespräch zu suchen. Den Wunsch nach Sex zu äußern und gleichzeitig offen darüber zu sprechen, wie sehr du es vermisst, mit ihr nah, innig, verbunden und intim zu sein, verändert sofort die Situation. Und wenn sie dann unsicher ist, Gründe hat, warum sie nicht will – oder gerade schlicht keine Lust hat –, dann habe Geduld mit dir und mit ihr. Wenn es dein Wunsch ist, bleibe dran. Und wenn es dir ernst ist und du wirklich sie meinst und nicht nur nach der schnellen Befriedigung suchst, dann versuche milde mit deiner Ungeduld zu sein. Wiederhole liebevoll und ohne Vorwurf deinen Wunsch. Vielleicht könntet ihr in einer gemeinsamen Paarzeit zunächst darüber reden oder euch eine Beratung suchen.

Häufig haben Frauen das Gefühl, dass es beim Sex um eine reine Bedürfnisbefriedigung des Mannes geht. Dann fühlen sie sich nicht in ihrer Tiefe gesehen und nicht als Mensch geliebt.

Bleibe dir selbst und ihr treu und stehe gleichzeitig zu deinen Wünschen und Bedürfnissen. Bitte überrede sie nicht auf die alte Art und Weise, wenn du merkst, dass sie es nur dir zuliebe tun würde. Denn wenn sie sich auf der sexuellen Ebene verrät, dann verrät sie auch dich, und dieser Verrat wird euch beide einholen.

Bleibe dir selbst und ihr treu.

Erwarte grundsätzlich nicht, dass sie etwas anspricht, was DU dir wünschst. Das gilt übrigens auch für die Frauen, die an dieser Stelle mitlesen. Auch ihr Frauen müsst es äußern, wenn euch etwas fehlt, wenn ihr euch mehr vom Mann wünscht.

Und für euch beide gilt: Ihr dürft natürlich so weitermachen wie bisher, mit unausgesprochenen Erwartungen wie: „Das müsste sie doch merken." „Das müsste er doch längst wissen." „Kann ich denn nicht erwarten, dass er mir einfach mal Blumen mitbringt?" „Kann ich nicht erwarten, dass sie mich einfach mal in den Dessous empfängt?"

Ich möchte euch nicht davon abhalten, weiterhin zu erwarten, statt zu wünschen und zu reden. Wenn ihr euch Enttäuschungen abholen möchtet – oder weiterhin leiden wollt – oder euer Drama füttern möchtet, dann macht einfach weiter wie bisher. Nötig ist das jedoch nicht.

Schließlich noch ein wichtiger Aspekt zum Thema Wünschen und zu dem Umgang mit NEIN:

Bei einem JA ist es super gelaufen mit dem Wunsch. Bei einem NEIN sieht das ganz anders aus. Wenn du einen Wunsch hast, zu dem du ein NEIN kassierst, dann fühle, was du fühlst. Und achte dich dafür, was du fühlst.

Denn wenn du deine Enttäuschung leugnest – oder ein Drama daraus machst –, dann bist du nicht echt und authentisch. Wenn du ehrlich deinen Wunsch äußerst, dann kann ein NEIN auch weh tun. Das ist auf der Verstandesebene nicht schlimm, aber es fühlt sich emotional schmerzhaft an. Und egal, wie es für dich ist. So darf es sein. Wenn du so etwas sagst wie: „Schatz, das ist schade und ich bin traurig", ist das okay. Und wenn deine Frau dann sagt, sie sei jetzt traurig darüber, dass du traurig bist – oder wütend, oder was auch immer –, dann ist auch das okay.

Ihr seid beide in Ordnung mit euren Gefühlen bei einem NEIN.

Ihr seid beide in Ordnung mit euren Gefühlen bei einem NEIN. Und noch ein letzter Punkt: Wenn du deiner Frau einen Wunsch abschlagen musst, weil du nicht kannst oder willst, dann macht das etwas mit deiner Frau. Auch das ist okay. Und wenn ihre Reaktion wiederum bei dir etwas auslöst, ist das ebenfalls richtig. Jegliches Fühlen ist angebracht und richtig. Ein ehrlicher Umgang mit Wünschen ist einfach eine emotionale Sache. Deshalb „erwarten" ja die meisten Menschen lieber etwas. Der Frust, es nicht zu bekommen, ist für viele besser auszuhalten als ein NEIN.

Zusammenfassend zum Thema Erwartungen also:

1. Bleibe sexy und mache aus einer unausgesprochenen

Erwartung einen Wunsch. Mache dich nicht zum Abturner oder Opfer.

2. Äußere deinen Wunsch und sei so mutig, ein JA zu bekommen oder ein NEIN zu kassieren.

3. Fühle, was ein NEIN mit dir macht. Teile dich mit und erkenne, dass ihr beide okay seid mit allem, was ihr dabei fühlt.

4. Wenn dich deine Gedankenschleifen bezüglich eurer Partnerschaft dauerhaft nachts nicht schlafen lassen, dann könnte es sein, dass du Traumata aus deiner Kindheit mitgebracht hast. Such dir Hilfe, wenn es so ist. Wisse einfach, dass es an der Zeit ist, ihr zu sagen, was in dir los ist, statt dir die Nächte um die Ohren zu schlagen.

Das oben erwähnte Paar hat offene Ohren für meine Schilderungen. Der Mann fühlt sich jetzt besser damit, dass auch seine Frau auf seinem Kenntnisstand ist. Ab jetzt geht es für beide darum, sich über Wünsche und Erwartungen auszutauschen. Sie möchten sich gegenseitig daran erinnern, dass ein NEIN genauso okay ist wie ein JA. Und sie wollen anfangen, das auszusprechen, was sie sich vom jeweils anderen wünschen. Denn Ehrlichkeit ist nun einmal die Basis für eine gelingende Partnerschaft.

V.
WENN EUCH DIE VERGANGENHEIT EINHOLT

17. Bist du wach genug, um deiner Frau zu helfen, zu dir zurückzufinden, oder gibst du auf?

Eigentlich ist alles wie immer, aber irgendwie doch nicht. Sein Leben hat sich extrem gewandelt in den letzten Monaten. Niemals hätte er gedacht, dass Partnerschaft auf einer neuen Ebene möglich sein könnte – ehrlich, klar, liebevoll und echt. Der Veränderungsprozess war nicht einfach, das würde er nicht sagen, doch so viel leichter, als er es jemals vermutet hätte.

Das Haus, die Kinder, der Hund, sein Job, die Ehe, alles scheint nach außen wie immer. Nur innen ist es anders. Die Kinder sind ausgeglichen und entspannt. So gut es geht, jedenfalls, denn mit vierzehn und sechzehn ist so viel los, dass man nicht von dauerhafter Entspannung sprechen kann. Doch sie fühlen sich einfach wieder sicher im eigenen Zuhause. Sicher, weil ihre Eltern anders sind, weil diese sich wohl fühlen. Weil sie das erste Mal in ihrem Leben verstanden haben, dass jeder und jede genau so richtig ist, wie er oder sie ist. Vor einem Jahr noch hätte er das alles für esoterisches Geschwafel gehalten, heute ist das anders.

Natürlich gibt es auch Rückfälle, sowohl seinerseits als auch ihrerseits. Manchmal ist kurz das alte Drama wieder da. Es kommt zu Vorwürfen und Anklagen, bis einer von ihnen merkt, dass da ein alter Film abläuft, etwas Ungesundes, Antrainiertes. Und immer gibt es dann ein Zurück zur Verbundenheit, zum Verständnis und zur Intimität.

Unfassbar, wenn er bedenkt, dass er vor genau einem Jahr

seinem besten Freund erzählt hatte, er werde sich sexuell demnächst woanders umschauen, wenn es mit seiner Frau nicht bald besser werde. Heute ist er dem Freund dankbar. Denn dieser empfahl ihm keine Dating-App, sondern Paarberatung. Und ohne Beratung hätten seine Frau und er sich getrennt. Dessen ist er sich sicher.

Auch nach einem Jahr macht das Paar weiter mit der Beratung. Alle sechs Wochen besprechen sie gemeinsam, womit jeder noch zu kämpfen hat und welche Lösungen es dafür gibt. Er hatte in den intensiven Wochengesprächen ganz zu Anfang noch überhaupt keinen Zugang zu seinen tieferen Gefühlen gehabt. Er hatte von ihren größten Schwierigkeiten als Paar erzählt und dabei allenfalls Wut und Frust gespürt, dass nichts so lief, wie er es sich vorstellte. An das, was sich bei ihm unbewusst abspielte, kam er zuerst nur sehr langsam heran, dann aber von Mal zu Mal mehr.

Und dazu wünscht er sich auch heute nochmals ein Coaching, gemeinsam mit seiner Frau. Mittlerweile ist es für ihn spannend und aufregend, immer wieder Neues an sich und seiner Partnerin zu erkennen. Früher war es belastend, und es konnte ihm das ganze Wochenende verderben, wenn seine Frau schon freitags erklärte, dass sie reden wolle.

In jedem Gespräch ging es tiefer und tiefer in das eigene Verständnis für sich selbst.

In jedem Gespräch ging es tiefer und tiefer in das eigene Verständnis für sich selbst. Und heute will er die Beratung nutzen, um besser zu verstehen, warum es noch immer emotionale Abstürze und Ausbrüche gibt.

Heute also geschieht dies:

194

Beide sitzen vor mir in meiner Praxis, sie wirken entspannt und neugierig. Ich habe sie vor über einem Jahr ganz anders kennengelernt. Und ich freue mich über jedes Paar wie dieses. Menschen, die es im Coaching wirklich wissen wollen und nichts unversucht lassen, um ihre Partnerschaft zu verbessern.

„Wie geht es euch?", beginne ich das Gespräch, nachdem wir zunächst alle einen Moment still waren.

Er schaut sie lächelnd an. „Ich glaube, es geht uns ziemlich gut", sagt er zuversichtlich und erfreut.

„Ich glaube, es geht uns ziemlich gut."

„Ja, so ist es", stimmt sie ihrem Mann zu.

„Mir liegt trotzdem eine Sache auf dem Herzen, mit der ich nicht so gut klarkomme", spricht er weiter. „Es geht darum, dass ich nicht weiß, ob es meiner Frau recht ist, wenn ich Lust habe, mich ihr zu nähern. Das verunsichert mich. Ich würde sie gern berühren, einfach so in der Küche beim gemeinsamen Kochen oder bei anderer Gelegenheit im Alltag. Ich wünsche mir wieder mehr körperlichen Kontakt zu ihr, auch im täglichen Zusammensein."

„Ist es dir recht, wenn er dir im Alltag öfter spontan näher kommt und dich berührt?", gebe ich die Frage an seine Frau weiter.

„Ja, ich finde es schön, wenn es auch im Alltag so sein kann. Aber ich erschrecke dann immer so und zucke zusammen, wenn aus dem Nichts die Berührung kommt", antwortet sie und ergänzt: „Dann ist er sofort erschrocken und abgeturnt." Sie schaut ihren Mann fragend an. „Oder?"

„Ja, ich verstehe das Zusammenzucken dann nicht, schließlich habe ich nichts Böses vor. Ich fühle mich dann immer,
als würde ich sie belästigen. Dadurch fühle ich mich ge-
kränkt und ziehe mich zurück.“

„Ja, und ich bin dann traurig, weil ich ihn nicht abschre-
cken will. Aber wenn ich erschrecke, dann bin ich kurz wie
erstarrt“, versucht sie sich aus ihrer Sicht verständlich zu
machen.

An dieser Stelle übernehme ich es, dem Paar etwas zu
erklären, das in vielen Paarberatungen und auch Einzel-
therapien zutage kommt. Vielleicht kannst du hier auch
Anteile von dir oder deiner Frau erkennen und Mitgefühl
entwickeln.

Die Vergangenheit eines Menschen ist maßgeblich daran
beteiligt, wie er oder sie heute als erwachsener Mensch im
Leben steht. Das Nervensystem eines jeden von uns ist sehr
unterschiedlich in Anspruch genommen worden, je nachdem, wie er oder sie aufgewachsen ist. Das bedeutet, dass
jede Erfahrung als Kind, besonders in den ersten drei Jahren, dazu beiträgt, wie angespannt, entspannt, oder bela-
stet der Körper, der Geist oder die Seele sind.

An die ersten drei Lebensjahre erinnern sich die meisten
Menschen nicht in Form sprachlicher Konzepte, sondern mit
Körperempfindungen, Gefühlen und Bildern. Weil die Sprache noch nicht da war, um komplexe Situationen zu erfassen
oder zu beschreiben, ist es schwierig, aus den ersten drei
Lebensjahren konkrete Dinge zu erinnern. Wenn Menschen
von ihren Eltern hören, dass sie zum Beispiel mit drei Jahren
im Krankenhaus waren, dann können sie manchmal noch
fühlen, wie diese Situation für sie war. Die Erzählung der

Eltern trifft auf ein Gefühl und kann so manchmal als Erfahrung nachvollzogen werden.

Durch bestimmte therapeutische Methoden, wie zum Beispiel die Pesso-Therapie, in der ich ausgebildet bin, können auch Erlebnisse vor dem dritten Lebensjahr körperlich erinnert und aufgearbeitet werden. In der Pesso-Therapie wird versucht, eine ideale Gegenerfahrung zu den belastenden Situationen zu konstruieren, die dem Klienten dann als positive Erfahrung eine neue Basis geben. Dieses geschieht häufig in einem Gruppensetting, indem andere Teilnehmer zum Beispiel in die Rolle von „idealen" Eltern gehen und dem Klienten ermöglichen, genau das zu fühlen und zu hören, was sie als Kind in einer bestimmten Situation gebraucht hätten. Im Einzelsetting werden die Rollen symbolisch dargestellt und vom Therapeuten mit Leben gefüllt.

> **Manche unbewussten Körperreaktionen basieren auf die Abwehr von Gefahr.**

Manche unbewussten Körperreaktionen basieren auf der Abwehr von Gefahr. Hier im Beispiel ist es das Zusammenzucken der Frau, wenn sie von ihrem Mann überraschend berührt wird. Diese Reaktion könnte damit zusammenhängen, dass sie in ihrer frühen Kindheit oder auch noch später Erfahrungen gemacht hat, bei denen das Nervensystem durch Berührung unter extremen Stress gesetzt wurde. Tatsächlich kam bei dieser Klientin in der Einzelarbeit heraus, dass sie als Frühchen zur Welt gekommen war. Da sie also schon sehr früh die Erfahrung machte, keinen Einfluss auf das zu haben, was mit ihr gemacht wurde, und nicht zu wissen, ob es wieder weh tun wird, waren Berührungen von dem Moment an mit Schmerz und Gefahr verknüpft. Hinzu kommt, dass alles, was einem Frühchen heute sowohl an medizinischen Möglichkeiten als auch an emotionaler und körperlicher Nähe seitens der Eltern geboten wird, früher in der Regel fehlte. Dem Säugling konnte nicht vermittelt werden, was mit ihm geschieht, und die Eltern wurden häufig außen vor gelassen. So entstanden oft Traumata.

Viele Frauen wurden auch durch sexuelle Übergriffe, unangenehme Annäherungen durch Erwachsene und andere unliebsame Erfahrungen während ihrer Kindheit oder Jugend traumatisiert. Ihr dadurch stressanfällig gewordenes Nervensystem ist bei der kleinsten Erinnerung daran, ausgelöst durch eine ähnliche Situation, direkt im Modus der Gefahrenabwehr (Angriff, Flucht oder Totstellen) oder in einer „Habachtstellung". Das Verhalten der Frauen ist aus der momentanen Situation heraus oft nicht erklärbar. Vor allem dann nicht, wenn sich doch der eigene Ehemann nähert und er vorsichtig und zugewandt ist.

In solch einer Situation neigen Frauen dazu, Schuld und Scham zu empfinden. Selbst wenn sie sich ihrer eigene Traumata bewusst sind, tut es ihnen häufig leid, wenn ihr Mann die Konsequenzen aus ihrer Vergangenheit tragen muss.

Wenn der Partner verständnisvoll und wertschätzend mit der Geschichte seiner Frau umgehen kann, ist sie in der Lage, Vertrauen zu fassen und Entspannung zu erleben.

Auch arbeite ich mit vielen Frauen daran, ihre Männer mit einzubeziehen in den Prozess, neu zu spüren, was guttut und was nicht. Sobald eine Frau die Erfahrung machen darf, immer und immer wieder durch ein NEIN eine Grenze setzen zu können, wenn sie etwas nicht möchte, wird es leichter. Wenn sie erzählen darf, was in ihr los ist, und ihr Mann bereit ist, zuzuhören, ohne ihr Problem lösen zu wollen, wächst ihr Vertrauen in sich selbst.

Wenn du dich gerade fragst, was du denn davon hast, deiner Frau zuzuhören, statt Nähe und Sex zu bekommen, was du dir im Augenblick viel mehr wünschst, möchte ich es dir hier erklären:

Eine verletzte Frau, wann auch immer sie verwundet wurde, benötigt ihre Sicherheit zurück. Sie muss lernen, NEIN zu sagen, wenn sie etwas nicht möchte. Und vor allem darf sie oft zum ersten Mal ihre eigenen Bedürfnisse kennenlernen.

Damit das gelingt, muss sie mit ihrem Mann erleben, dass ihr NEIN gehört wird. Und dass sie dafür von ihm nicht verurteilt wird. Wenn sie selbst mit sich die Erfahrung macht, ihre Grenzen zu wahren und nicht länger überschreiten zu lassen, dann erhält sie eine neue Selbstwirksamkeit. Und je länger sie das übt, desto mehr vertraut sie sich selbst und dir.

Und jetzt kommt dein Gewinn:

Sobald deine Frau sich selbst vertraut, jederzeit NEIN sagen zu können, muss sie nicht länger darauf aufpassen, dass ihr nichts passiert. Dann ist sie frei, sich komplett für dich zu öffnen und sich beim Sex hinzugeben. Dann wird sie loslassen können und ihre ureigenste Lust leben. Und so wirst du am Ende auch für dich etwas Neues erleben, das es so intensiv und befriedigend bisher noch nicht gab zwischen euch. Das gelingt jedoch nur, wenn du jedes NEIN von ihr ohne Einschränkung akzeptierst und bereit bist, neue Wege zu gehen.

Dann wird sie loslassen können und ihre ureigenste Lust leben.

Warum erzähle ich das alles hier an dieser Stelle? Und sind wirklich so viele Frauen von Verletzungen durch Männer betroffen?

Natürlich haben auch viele Frauen keine so negativen Erfahrungen gemacht, dass sich diese körperlich derart stark auswirken wie in diesem Beispiel. Auf der anderen Seite gibt es Frauen mit Gewalt- und Missbrauchserfahrungen, die durch ihre Traumata noch eingeschränkter sind in ihrem Erleben von Sexualität und Nähe. Manche von ihnen können Sexualität überhaupt nicht auf eine gesunde Art und Weise zulassen und leben. Wenn deine Frau hiervon betroffen ist, dann ist es ratsam, psychotherapeutisch zu arbeiten, damit ihr beide eine Chance habt.

Wichtig erscheint es mir auch, dir als Mann zu sagen, was du tun kannst, wenn deine Frau Trauma erfahren hat. Wenn ihr Nähe, Intimität und Sexualität nicht erfüllt leben könnt, macht es auch für dich Sinn, die Geduld aufzubringen, deiner Frau Schritt für Schritt in ihrem Prozess zu folgen. Damit sie frei werden kann von der Angst, etwas zu tun, womit sie sich selbst verraten würde, brauchst du sehr viel Geduld mit ihr.

„Selbstverrat" ist eine tiefe Wunde vieler Frauen in ihren Ehen. Ich erlebe Frauen, die völlig ahnungslos sind, warum sie keinen Sex mit ihrem Mann mehr möchten. Wenn ich dann an den Punkt gelange, an dem ich ihnen die Frage stelle: „War der Sex mit deinem Mann so, wie du ihn wirklich wolltest, wie er dir Freude macht?", bekomme ich oft Antworten wie diese:

„Ich weiß es nicht. Im Grunde weiß ich nur, dass ich viele Dinge mitgemacht habe, damit mein Mann wieder zufriedener ist."

„Ich weiß, dass ich oft dalag und alles dafür getan habe, dass es schnell vorbei ist."

„Zum Schluss habe ich selbst gar keine Lust mehr empfunden. Ich hab das gemacht, von dem ich dachte, dass es ihm gefällt.“

„Wir wollten Kinder und haben immer auf Knopfdruck Sex gehabt, wenn der Eisprung da war. Das war stressig für uns beide. Seit wir Kinder haben, haben wir keinen Sex mehr.“

„Er ist immer so schnell fertig, dass ich nie zu einem Orgasmus gekommen bin.“

„Ich habe häufig so getan als ob, damit es schneller geht.“

Klingt das nach Verrat? Ich finde schon. Und im Grunde ist es nicht nur der Verrat von FRAU an sich selbst, sondern auch an ihrem Mann.

Wenn du für dich schaust, kannst du dann sagen, ob du es gemerkt hast, wenn deine Frau keine Lust hatte und sich verraten hat? Vielleicht hast du es auch gespürt und wolltest es nicht ansprechen? Vielleicht hattest du Angst, dass sie gar keinen Sex mehr will, sobald du sie fragst? Vielleicht wolltest du aber auch nur deine Lust befriedigt haben und hast dich an deinem Bedürfnis orientiert. Möglicherweise hast du es geahnt und es hat dich zu sehr beschämt, dass du nur dein Bedürfnis im Kopf hattest, weshalb du nichts gesagt hast. Vielleicht verstehst du jetzt, warum es so wichtig ist zu reden?

Männer und Frauen sind zu gleichen Anteilen am Gelingen der Partnerschaft beteiligt.

Wenn du dieses Buch liest, wird irgendetwas bei dir und in deiner Partnerschaft aus der Bahn geraten sein. Wahrscheinlich auch in der Sexualität. Ich finde es sehr gut, dass du dich jetzt kümmerst. Denn das tust du bereits durch die

Beschäftigung mit diesem Buch. Ich unterstütze dich gern dabei, ohne irgendetwas an dir zu verurteilen. Männer und Frauen sind zu gleichen Anteilen am Gelingen der Partnerschaft beteiligt. Deshalb möchte ich das, was du für eure Partnerschaft und deren Gelingen tun kannst, hier noch einmal kurz für dich zusammenfassen:

1. Sei dir bewusst, dass so manche abwehrende Reaktion deiner Frau mit einem Trauma oder schlechten Erfahrungen in ihrer Vergangenheit zu tun haben kann.

2. Sei geduldig mit dir und mit ihr, wenn du deine Partnerschaft retten möchtest.

3. Folge deiner Frau in ihrem Tempo und bleibe gleichzeitig dran mit deinen Wünschen nach Nähe und Intimität. Sie wird sich mit ihrem Selbstverrat auseinandersetzen müssen, falls sie diesen in eurer Partnerschaft begangen hat. Und falls Verletzungen zwischen euch stehen, dann holt euch Hilfe.

4. Ermuntere deine Frau immer wieder, NEIN sagen zu dürfen. Erforsche mit ihr, was sie sich vorstellen kann an Berührung und an Nähe. Lass sie ausprobieren, was für sie angenehm ist, und bleibe behutsam.

5. Wenn du ungeduldig und wütend wirst, gestehe es dir ein und teile es mit ihr, ohne dass sie es abbekommt: „Schatz, ich bin gerade ungeduldig und wütend und weiß nicht, wohin damit. Das möchte ich gern mit dir teilen."

Jetzt komme ich noch ein letztes Mal auf das Paar vom Anfang dieses Kapitels zurück.

Wir haben besprochen, wie die beiden mit Nähe im Alltag umgehen möchten und wie die Frau zu dem Wunsch ihres Mannes steht, sie öfter zu berühren und im täglichen Zusammensein mit ihr mehr Lust zu empfinden.

Die Frau hatte nun die Idee, ihr Mann möge es ihr doch einfach sagen, wenn er den Wunsch nach Berührung verspürt: „Schatz, ich habe gerade Lust, dich zu berühren."

Somit muss sie vielleicht nicht erstarren, wenn er auf sie zugeht. Ihr Nervensystem ist dann vorbereitet. Denn, wie sie jetzt auch festgestellt hat, eigentlich mag sie es, wenn er sie spontan berührt und sie Lust auf ihn bekommt.

Dadurch, dass sie über alles reden konnten, haben sie ihre eigenen Lösungen gefunden. Ob es eine Veränderung für beide sein wird, wird sich im Umgang miteinander zeigen. Das Wissen um das Trauma seiner Frau hat beim Mann Verständnis und Mitgefühl ausgelöst. Beide erkennen, dass dadurch noch mehr Verbundenheit entstanden ist.

18. Hast du den Mut, einen Blick auf deine Kindheit zu werfen, oder möchtest du eine oberflächliche Partnerschaft ohne Sex?

Er ist aufgebracht und enttäuscht von sich selbst. Immer wieder läuft bei ihm dasselbe Programm ab. Ja, seine Frau war fremdgegangen, hatte ihn nach einem Klassentreffen mit ihrem alten Schulfreund betrogen. Ja, sie entschieden sich daraufhin für Paarberatung. Ja, sie wollen sich jetzt eine zweite Chance geben. Und ja, beide sind sich komplett einig, sich diese zweite Chance zu geben. Es gibt gute Vorsätze und klare Absprachen. Sie kommunizieren sehr ehrlich miteinander.

Und dennoch ist es heute wieder passiert: Ein extremer Wutausbruch mit Gebrüll und Vorwürfen seinerseits – Starre, Entsetzen und Enttäuschung über diesen Rückschritt ihrerseits. Gut, dass die Kinder nicht in der Nähe waren, gut auch, dass sie in den letzten Wochen und Monaten viele Möglichkeiten erlernt hatten, um sich in solch einem Fall selbst zu regulieren, also runterzukommen.

Im Coaching haben beide die Absprache getroffen, dass er jederzeit darüber sprechen kann, wenn er wieder eifersüchtig ist oder Angst davor hat, sie könnte noch einmal Kontakt mit dem Schulfreund aufnehmen.

„Was ist gerade eigentlich passiert?", versucht er nun mühsam die Situation zu reflektieren. Zunächst hat er einige Regulationsübungen aus der Traumatherapie anwenden müssen, um sich zu beruhigen. Seine Frau war unterdessen nach draußen geflüchtet, um eine Runde mit dem Hund zu gehen. Das ist ihre Art, sich zu beruhigen.

Jetzt muss er sich die tiefe Abscheu vor seiner Eifersucht eingestehen. Deswegen will er seine Ängste möglichst weghaben. Es ist ihm jedes Mal unangenehm, mit ihr tatsächlich darüber zu sprechen, wenn es ihn wieder gepackt hat und er eifersüchtig ist.

So wie heute. Es war dieser eine Moment, in dem seine Frau mit ihrem Handy auf dem Sofa saß und mit einem Lächeln auf den Lippen eine Nachricht tippte.

„Wie soll ich dir bloß wieder vertrauen?" Der Anblick seiner glücklich wirkenden Frau war für ihn zu einem unkontrollierbaren Trigger geworden. Ein Fass wurde zum Überlaufen gebracht, von dem er nicht einmal wusste, dass es randvoll war.

Er brüllte los: „Du schreibst doch bestimmt mit ihm! Ich glaube dir nicht, dass ihr keinen Kontakt mehr habt. Ich spüre doch, dass da noch etwas ist! Wie soll ich dir jemals wieder vertrauen?" An mehr kann er sich nicht mehr erinnern. Nur daran, dass er danach nicht sofort aufhörte, sondern noch weitermachte.

Nach diesem Wutausbruch fühlt er sich elender als je zuvor. Er weiß gerade nicht, was ihn da geritten hat. Der schockierte Blick seiner Frau steht ihm noch immer vor Augen. Deswegen fühlt er sich schlecht, ungeliebt und verraten.

Für ihn ist das in diesem Moment Grund genug, wieder Kontakt mit seiner Therapeutin aufzunehmen, um einen neuen Beratungstermin für sich zu vereinbaren. Er hat gelernt,

dass es wichtig ist, sich zunächst selbst zu verstehen, wenn
er eine Chance haben soll, ihr seine Reaktionen begreiflich
zu machen.

Kurz darauf kommt seine Frau mit dem Hund zurück und
es rauschen gleichzeitig die drei Kinder herein. Somit tritt
erst einmal Entspannung ein. Der Fokus liegt nun auf dem
Abendessen und dem Erzählen der Erlebnisse des Tages.

Vor dem Zubettgehen nimmt er noch einmal Anlauf. In
einem ruhigen Ton versucht er darüber zu sprechen, wie
hilflos er sich fühlt mit seinen Triggerreakti-
onen. Außerdem entschuldigt er sich bei ihr für
seinen jüngsten Ausbruch. Endlich kann sie nun
auch erzählen, dass sie auf dem Sofa am Handy
mit dem ältesten Sohn geschrieben hatte, der
seine Freude über die Zwei in der Französisch-
arbeit mit ihr teilen wollte. Während er sie in den
Arm nimmt und sich erneut bei ihr entschuldigt,
beschließen beide, den geplanten Beratungstermin wieder
gemeinsam wahrzunehmen.

Außerdem entschuldigt er sich bei ihr für seinen jüngsten Ausbruch.

Zwei Wochen später:

Das Paar kommt mit einer liebevoll zugewandten Haltung in
die Beratungsstunde. Der Mann wirkt ein wenig aufgeregter
als die Frau. Dies thematisieren die beiden auch direkt, sodass ich verstehen kann, wo sie in ihrem gemeinsamen Prozess stehen.

„Mir ist es heute besonders wichtig, über eine Reaktion zu
sprechen, die ich vor zwei Wochen hatte", sagt der Mann
dann. „Da war ich so getriggert, dass mein altes Verhal-
tensmuster wieder zum Tragen kam. Ich habe meine Frau

mit Vorwürfen bombardiert, weil ich glaubte, dass sie mit dem Mann schreibt, mit dem sie fremdgegangen ist. Dabei hat sie mit unserem Sohn geschrieben." Sichtlich berührt fügt er noch hinzu: „Ich kann mich nicht ertragen, wenn ich so bin."

„Was glaubst du, woran hat dich die Situation erinnert?", frage ich ihn zunächst. „Gibt es andere Erfahrungen mit Fremdgehen in deinem Leben?"

Zu Anfang eines Beratungsprozesses mache ich mit jedem Paar ein gemeinsames Genogramm. Das ist ein Werkzeug aus der systemischen Familientherapie und beinhaltet einen Stammbaum, der die Ahnenreihen aufzeigt und auch die Themen, die über Generationen weitergetragen werden. Dabei zeigen sich häufig sowohl Traumata der Ahnen als auch besondere Talente und Fähigkeiten der früheren Generationen. Wir sprechen darüber, was von Eltern und Großeltern erzählt wurde. In einigen Familien gibt es viele detaillierte Informationen über das Leben der Ahnen, in anderen fast gar keine. Beides gibt einen ersten Eindruck davon, wie Kommunikation und Verbundenheit gelebt wurden.

Wir schauen also gemeinsam auf das Genogramm dieses Paars am Flipchart.

Nachdem er kurz überlegt hat, kommen ihm Situationen in den Sinn.

„Mein Vater war untreu in der Ehe meiner Eltern. Meine Mutter hat viel geweint, und ich habe sie getröstet und stand ganz auf ihrer Seite. Mein Vater hatte viele Ausreden, warum er nicht zuhause war, und hat sich kaum um uns gekümmert. Da er häufig Wutausbrüche hatte, war es nicht schlimm, wenn er nicht da war, sondern eher erleichternd für alle", beendet er seine Erzählung.

„Gibt es etwas, was damals ähnliche Gefühle bei dir auslöste wie die, die du kürzlich durch deinen Trigger erlebt hast?", frage ich weiter.

„Wenn ich so richtig darüber nachdenke, ist das Fremdgehen an sich schon ein Trigger. Das finde ich respektlos und unwürdig. Und nicht zu wissen, ob gerade die Wahrheit gesagt oder gelogen wird. Immer in Habtachtstellung zu sein heißt Stress. Und wenn ich ausflippe, dann hasse ich mich für dieses Verhalten, weil es mich so daran erinnert, wie mein Vater war", beendet er seine Selbstreflexion.

Ich erkläre jetzt dem Paar einige grundsätzliche Erkenntnisse aus meiner psychotherapeutischen Arbeit mit Menschen. Falls du auch daran interessiert bist, dich und deine Trigger besser zu verstehen, dann sei gerne mit dabei.

> **„Und wenn ich ausflippe, dann hasse ich mich für dieses Verhalten."**

Wenn der Mensch getriggert ist, also emotional stark reagiert, dann handelt es sich in den allermeisten Fällen um unbewusste Erinnerungen an ähnliche Ereignisse aus der Kindheit. Ich stelle es gern etwas vereinfacht da, damit ein Grundverständnis möglich ist.

In unserem Körper, unserem Nervensystem und unserem Geist ist alles gespeichert, was im bisherigen Leben starke Emotionen ausgelöst hat. Das gilt sowohl für gute wie für schlechte Ereignisse, die mit diesen Emotionen in Verbindung stehen.

Wenn eine emotionale Reaktion stärker ausfällt, als es sich

durch die erlebte Situation erklären lässt, dann handelt es sich häufig um einen Trigger, das heißt um eine Reaktion unseres Nervensystems auf Gefahr. Und wie ich bereits früher erläutert habe, sind die Reaktionen Flucht, Totstellen (Erstarren) oder Angriff. Es gibt auch noch eine andere Möglichkeit zu reagieren, die in der Psychotherapie als „Stockholm-Syndrom" bezeichnet wird. Sie zeichnet sich dadurch aus, dass sich das Opfer mit dem Täter verbündet. Dies ist ebenfalls eine Überlebensstrategie und wird häufig bei Geiselnahmen, Gewalt- und Missbrauchserfahrungen beobachtet. Um zu überleben, treten die Opfer für die Täter ein und schützen sie vor Vorwürfen. Kleine Gesten der Zuwendung deuten sie bereits als Beweise, gemocht zu werden. Manche verlieben sich sogar in ihren Peiniger.

Warum erzähle ich davon? Es ist wichtig zu verstehen, dass eine starke emotionale Reaktion entweder eine direkte Folge einer akuten, realen Gefahr ist – wie ein Überfall, Unfall oder Angriff –, oder im Nervensystem des Betroffenen die Erinnerung an eine ähnliche Situation früher im Leben aktiviert wird. Diese Situationen sind häufig (aber nicht immer) in der Kindheit des Menschen zu finden.

Zurück zu dem Mann von oben: Im Gespräch stellt sich heraus, dass ihn das lächelnde Gesicht seiner Frau am Handy daran erinnerte, wie sein Vater Telefonate mit seinen Liebschaften führte. Ihm fiel ein, dass sein Vater dann in einer guten, ausgeglichenen Stimmung telefonierte, während er im familiären Alltag ein eher gereizter und provozierender Mann war. Außerdem erinnert ihn seine eigene Reaktion (das Aufbrausen und wütende Brüllen) an das Verhalten seines Vaters. Dieses wiederum verabscheut er so sehr, dass er in dem Moment, da er sich so erlebt, einen extremen Selbsthass empfindet.

Der wütende Vorwurf an seine Frau galt im Grunde seinem Vater. Gleichzeitig war das Fremdgehen seiner Frau real, und er fühlt sich ihrer dadurch nicht mehr sicher.

Im Gespräch beschreibt er später noch eindrücklich, wie schwer es ihm fällt, seine Frau immer wieder darauf anzusprechen, wenn er Misstrauen hegt. Das, obwohl beide miteinander vereinbart haben, dass er es jederzeit tun kann.

Warum fällt es ihm so schwer, ehrlich zu seinen Gefühlen zu stehen? Er erlaubte es sich als Kind nicht, seine Gefühle zu zeigen. Da er seiner Mutter zur Seite stand, hatte er selbst mit seinen Gefühlen und Bedürfnissen nie einen richtigen Platz. Er wollte sie einfach nicht noch mehr belasten.

Auch das ließ sich im Gespräch logisch nachvollziehen. Denn es stellt sich heraus, dass er auch seine Frau nicht mit seinen eifersüchtigen Gefühlen belasten möchte. Gleichzeitig erkennt er, dass sich seine alte Verletzung (ein fremdgehender Vater) durch den Seitensprung seiner Frau wiederholt hatte. Die ständige Unsicherheit, der Vater könne die Familie im Stich lassen, fühlte sich genauso schlimm an wie die heutige Angst, dass seine Frau ihn verlassen könnte. All diese unterschiedlichsten Gefühle und Trigger bewusster zu erkennen, lässt ihn sichtlich aufatmen.

Was ist also zu tun?

Jede Geschichte von Paaren ist individuell. Gleichzeitig ist die Lebensgeschichte der Frau genauso einmalig und einzigartig wie die des Mannes. Niemals erlebe ich, dass genau das, was den einen triggert, auch den anderen triggert.

Deshalb möchte ich betonen, dass dieses Beispiel nur eine von unglaublich vielen Geschichten von Paaren ist.

Was sich mir jedoch immer wieder zeigt, ist, dass jedes Verhalten zu jedem Zeitpunkt einen Sinn hat, auch wenn er zunächst nicht zu erkennen ist. Es gibt aus meiner Sicht kein sinnloses Verhalten. Gerade unbewusstes Verhalten hat meistens den Sinn, das Überleben zu sichern.

Deshalb ist es für mich so hilfreich, mit jedem Paar ein Genogramm zu erstellen. Meistens zeigt sich in diesem Stammbaum, welche Ereignisse, Lebensumstände und Traumata dazu geführt haben, dass der Mann oder die Frau so sind, wie sie sind.

Auch ist oft klar zu erkennen, dass für eine Paarbeziehung Partner und Partnerinnen mit ähnlichem Verhalten gesucht werden wie die Menschen, die bereits im Familiensystem vorhanden sind. Das Klima erinnert an zuhause, selbst wenn es destruktiv und manchmal sogar krank machend und gewalttätig war. Die Atmosphäre ist gewohnt und der Mensch hat gelernt, darin zu überleben. Deshalb tut er sich auch Destruktives immer und immer wieder an. Die kindliche Sehnsucht, dass es doch endlich gut enden wird, lebt hoffnungsvoll weiter. Erst zu erkennen, dass ein Muster in ihm aktiv ist, führt heraus aus der Wiederholungsschleife.

Ich möchte noch kurz darauf eingehen, dass ich auch schon mit Paaren gearbeitet habe, bei denen beide Partner schwer traumatisiert waren. Dabei ergibt sich oft die Schwierigkeit, dass sich diese Paare gegenseitig extrem triggern. Ich habe es erlebt, dass jeder einzelne Satz, den einer der Partner aussprach, vom anderen komplett anders interpretiert wurde, als ich als Außenstehende ihn verstanden hatte.

Hier ist es nicht einfach, ein Bewusstsein dafür zu schaffen, wie da gerade ein Missverständnis das andere jagt.

Es gibt Paare, in denen die eigenen Traumata so stark wirken, dass ihre Kommunikation geprägt ist von Angriffen, Vorwürfen, Rechtfertigungen und unlösbaren Konflikten. Oft werden Verletzungen und Wunden aus der eigenen Kindheit unbewusst auf den Partner oder die Partnerin projiziert. Am Ende kann hier manchmal eine Trennung eine Entlastung sowohl für jeden Einzelnen als auch für die Kinder sein.

Bei schwer traumatisierten Paaren ist aus meiner Sicht sowohl Paartherapie als auch Einzeltherapie notwendig. Manchmal kann es auch sein, dass es dem Einzelnen wesentlich besser geht, wenn er ein Leben ganz ohne Partnerschaft führt. Die Gründe dafür liegen oft in Traumata oder darin, dass in der Kindheit durch die eigenen Eltern so wenige Bedürfnisse erfüllt wurden, dass jede Partnerschaft immer wieder dazu dienen soll, alles nachzuholen, was emotional nicht genährt wurde. Das ist leider zum Scheitern verurteilt.

Das ist leider zum Scheitern verurteilt.

Ich gehe davon aus, dass du, der du das hier liest, nicht in einer so schwer zu verändernden Partnerschaft lebst. Dennoch möchte ich noch einen Schlenker zum Thema Bedürfnisse machen. Auch um dir zu erklären, warum es uns in Partnerschaften so wichtig ist, unsere Bedürfnisse erfüllt zu bekommen, und es so sehr schmerzt, wenn dies nicht gelingt.

Albert Pesso, einer meiner psychotherapeutischen Lehrer, benennt fünf Grundbedürfnisse eines jeden Menschen, die ihm von Geburt an das Überleben sichern:

- PLATZ
- NAHRUNG
- UNTERSTÜTZUNG
- SCHUTZ
- GRENZEN

Ich verstehe diese Grundbedürfnisse wie folgt:

Das Grundbedürfnis nach PLATZ bedeutet, von Anfang an einen guten Platz auf der Welt zu haben. Dies beginnt bereits im Mutterleib. Ist das Kind willkommen, ist es gewollt, hat es einen Ort zum Aufwachsen? Diese Fragen sind genauso wichtig, wie die Frage, ob es einen Platz im Herzen der Bezugspersonen gibt.

NAHRUNG ist als emotionales und körperliches Genährtwerden definiert. Ein Kind muss sowohl ernährt als auch emotional umsorgt werden. Der Körper benötigt gesunde Nahrung, damit eine gute Entwicklung gelingen kann. Über eine schlechte Ernährung entstehen Krankheiten und Abhängigkeiten. Außerdem braucht jedes Kind Empathie, Ermutigung und Bestärkung. Dafür sind aufmerksame, liebevolle, mitfühlende Eltern erforderlich.

UNTERSTÜTZUNG bezieht sich auf alles, was ein Baby, ein Kleinkind, ein Schulkind und später ein Jugendlicher braucht, um gefördert und gefordert zu werden und jeden Entwicklungsschritt gut gehen zu können. Unterstützung bedeutet, getragen zu werden. Zu wissen, dass jemand da ist, wenn Hilfe gebraucht wird, ist wesentlich, um zu erleben, dass man nicht allein ist und Menschen füreinander da sind.

SCHUTZ bedeutet, in einer grundsätzlich sicheren Umgebung aufzuwachsen und vor schädlichen Einflüssen abgeschirmt zu werden. Das Baby braucht Schutz vor Lärm, vor Sonnenlicht, vor Gefahr von außen, vor Menschen, die ihm zu nahe treten. Es benötigt auch Schutz vor Berührung durch die falschen Menschen und auf die falsche Art und Weise. Der Schutz vor Gewalt, Missbrauch und jegliche Form von Grenzüberschreitung ist überlebenswichtig.

GRENZEN braucht der Mensch, um zu erkennen, wo er aufhört und der andere anfängt, um definiert zu sein. Eltern setzen durch ihre Grenzen Leitplanken, an denen sich Kinder orientieren können. Begrenzung heißt Sicherheit im Leben zu erfahren. Grenzen kommen in Sätzen wie diesen zum Ausdruck: „Das mache ich jetzt noch für dich, aber den Rest kannst du schon selbst machen. Das traue ich dir zu." Oder: „Nein, ich habe jetzt keine Zeit für dieses Spiel. Ich koche. In einer halben Stunde kann ich mit dir spielen." Durch klare, liebevolle Grenzen entwickeln sich Sicherheit und Geduld. Sie sind eine Grundvoraussetzung für die Eigenständigkeit eines jeden Menschen. Das Kind lernt so zu erkennen, dass jeder Mensch andere Bedürfnisse hat.

Wenn diese fünf Grundbedürfnisse erfüllt sind, ist ein wesentlicher Faktor dafür geschaffen, dass es dem Kind gelingen wird, zu einem gesunden, glücklichen Menschen heranzuwachsen, so Albert Pesso. Es gibt laut ihm zudem noch zwei weitere Faktoren, die ein glückliches Leben verhindern: Trauma und „Holes in Roles" (Lücken in Rollen). Mit „Holes in Roles" beschreibt er die Loyalität des Kindes zu seinen Eltern. Im Familiensystem füllt jedes Kind automatisch Löcher, die unweigerlich entstehen, wenn Eltern ihre eigenen Rollen aus den unterschiedlichsten Gründen nicht erfüllen können. Dieses näher zu beschreiben, würde an dieser Stelle den Rahmen sprengen, soll aber unbedingt erwähnt sein.

Nun sieht die Realität natürlich oft anders aus. Nicht jeder Mensch hatte ideale Eltern, die sämtliche Bedürfnisse erfüllen konnten. Einige nicht einmal ansatzweise. Was will ich damit sagen?

Sämtliche Defizite werden unbewusst in jede Partnerschaft hineingetragen.

Sämtliche Defizite, die sich aus unerfüllten Bedürfnissen während der Kindheit ergeben, werden unbewusst in jede Partnerschaft hineingetragen.

Für Paare bedeutet das möglicherweise starke Triggerpunkte. Deshalb ist es sinnvoll und ratsam zu wissen, welche unerfüllten kindlichen Bedürfnisse es bei beiden Partnern geben könnte.

Gab es keinen Platz in der Familie, war man nicht willkommen – oder sind die Eltern einfach viel zu früh Eltern geworden –, dann sind häufig Gefühle da, unerwünscht zu sein oder nicht dazuzugehören. In der Partnerschaft kann dann ebenfalls das Gefühl auftauchen, ausgeschlossen zu werden. Die kleinsten Bemerkungen werden hier so interpretiert, dass sich das alte Gefühl, nicht dazuzugehören, wieder zeigt. Im Zusammenhang mit dem Grundbedürfnis nach Platz sehe ich bei Menschen auch manchmal eine lebenslange Suche nach dem richtigen Wohnort. Da vielleicht durch viele Umzüge in der Kindheit immer wieder von vorn angefangen werden musste, neigen diese Menschen dazu, sich nicht wirklich dauerhaft auf einen Ort einlassen zu können. Auch echte, ehrliche Freundschaften zu schließen fällt ihnen schwer, wenn durch Umzüge immer wieder Kontakte abgebrochen sind.

Wo emotionale Nahrung gefehlt hat, fühlen sich Menschen hungrig nach Wertschätzung, Anerkennung und Liebe. Sie haben vielleicht gelernt, durch ganz viel TUN zumindest ein wenig genährt zu werden. Immer fehlt es ihnen jedoch an Zuwendung und daran, gesehen zu werden. Da kann ein Partner manchmal tun, was er will – es reicht einfach nicht. Bei fehlender körperlicher Nahrung für das Kind sind Trigger bezüglich des Essens sehr wahrscheinlich. Die Angst zu verhungern kann durch kleinste Erinnerungen daran, dass es nicht genug geben könnte, angestoßen werden. Wenn die Versorgung beim Säugling strikt nach der Uhr lief und der Zeitplan der Eltern im Vordergrund stand, kann das Gefühl des Hungers und der Sättigung gestört sein.

Wenn Unterstützung gefehlt hat, kann es beispielsweise so aussehen, dass sich die Frau immer wieder darüber beschwert, ihr Mann ließe sie allein mit allen Aufgaben. Vielleicht musste diese Frau als Kind tatsächlich vieles ganz allein schaffen, was sie völlig überforderte. Übrigens geht es auch vielen Männer in ihrem Job oder ihrem Business so, dass sie sich nicht ausreichend unterstützt fühlen. Darunter liegen dann ebenfalls häufig alte Wunden.

Hat deine Frau nicht genug Schutz erfahren, kommt manchmal bei ihr große Angst auf, wenn deine Stimme lauter wird und dein Ton schroff. Manche Frauen erstarren dann oder reagieren mit Angriff oder Weglaufen. Auch in der Sexualität finden sich Verhaltensweisen, die auf fehlenden Schutz und Trauma hinweisen können. Dieses kann sich sowohl in einer übersteigerten Kontrolle der Situation (Angriff), als auch in der Ablehnung von Sex (Flucht) zeigen. Manchmal erstarren Frauen auch bei Berührungen (Totstellen) – oder sie versuchen durch eine verführerische Art oder eine devote, angepasste Sexualität eine konfliktgeladene Stimmung aufzulösen.

Wenn liebevolle, klare Grenzen gefehlt haben, dann haben manche Menschen das Gefühl, dass es den anderen gleichgültig ist, wie es ihnen geht. Manche fühlen sich völlig überfordert mit den unbegrenzten Möglichkeiten des Lebens. Auch Suchtverhalten kann sich deshalb zeigen, weil die Eltern keine Orientierung gegeben haben. Manche Menschen können sich nicht „benehmen", weil ihnen als Kind das Feedback zu ihrem Verhalten gefehlt hat.

Einige besitzen vielleicht ein Übermaß an „scheinbarem" Selbstbewusstsein, weil sie kein STOPP oder NEIN kennengelernt haben und alles durften. Oder sie haben durch starre, unflexible Regeln, harte Strafen oder sie überfordernde Konsequenzen durch die Eltern eine große Verunsicherung und Ohnmacht erlebt.

Wenn der Mangel ein tiefes Loch hinterlassen hat, dann kann kein Partner dieses füllen.

Als Konsequenz von Mangelerfahrungen während der Kindheit gibt es viele Missverständnisse und Streitereien unter heutigen Erwachsenen, bei denen die „inneren Kinder" miteinander darum ringen, wer nun von wem etwas bekommt. Die bedürftigen Kinder in jedem von uns sind immer dann aktiv, wenn Emotionen stark an alte Ereignisse, unerfüllte Bedürfnisse oder Traumata erinnern. Und du kannst dir sicher sein, dass immer ein kindliches Bedürfnis angesprochen ist, wenn deine Emotionen viel stärker sind, als es die aktuelle Situation erklären könnte – so wie es der Mann in meinem Beispiel oben erfährt.

Lieber Mann, was bedeutet das jetzt für dich?

1. Wenn du eine gesunde Partnerschaft auf Augenhöhe führen möchtest, in der auch Sexualität eine Rolle spielt, ist es unabdinglich, dass du Selbstreflexion be-

treibst, sobald Probleme und Streitereien auftauchen. Das Verständnis für deine eigene Geschichte macht es dir erst möglich, dich wahrhaftig zu erkennen und dich mitzuteilen.

2. Wenn Emotionen größer sind, als es die eigentliche Situation hergibt, dann liegt immer eine alte Wunde unter der Emotion. Es geht dann nie um das, worüber du dich streitest. Sondern es geht um etwas Tieferes, meistens um nicht erfüllte Grundbedürfnisse oder Traumata.

3. Sobald du deine Muster und deine unerfüllten Grundbedürfnisse erkennst, unterbrichst du die Wiederholung deiner negativen Erfahrungen. Deine Reflexion führt dazu, dass du milder mit dir sein kannst – und damit auch mit anderen.

4. Wichtig ist es auch zu wissen, dass du durch dein Verständnis für dich selbst und das Erkennen deiner alten Verletzungen die unbewusste Weitergabe von Mustern an deine Kinder stoppst.

5. Erst wenn du dich auch mit deinen verletzlichen Seiten kennenlernst, wirst du frei. Dann musst du nicht mehr verstecken, wer du wirklich bist.

Dieses Kapitel liegt mir aus psychotherapeutischer Sicht ganz besonders am Herzen. Denn ich erlebe so viele verletzte Männer, die selbst in der Therapie nur sehr vorsichtig von sich sprechen. Da wird zum Beispiel lapidar erzählt, sie hätten von der Mutter oder vom Vater öfter einen Klaps bekommen, der aber jedes Mal sicherlich verdient gewesen sei. Manchmal ist aus so etwas kein Schaden entstanden, weil es grundsätzlich eine gute Verbindung zu den Eltern gab.

Doch diese Aussage kann auch das Gegenteil bedeuten, dass nämlich in der Familie Gewalt herrschte.

Außerdem begegnen mir Männer, die sexuelle Übergriffe erdulden mussten, die eng mit dem Familiensystem verknüpft waren – oder auch durch engere Vertrauens- und Autoritätspersonen wie Lehrer, Betreuer, Trainer … erfolgt sind. Viele haben ihr Leben lang geschwiegen. „Benutzt worden zu sein" kann die unterschiedlichsten Auswirkungen auf das sexuelle Erleben mit der späteren Frau haben. Und manchmal sind dadurch die eigenen Grenzen nicht spürbar oder auch das Gefühl für die Grenzen des anderen nicht wirklich zu fühlen. Hier bedarf es unbedingt psychotherapeutischer Unterstützung.

Ich bin fest davon überzeugt, dass die allermeisten Eltern ihr Allerbestes geben.

Immer wieder wird mir auch aufgezeigt, wie loyal Kinder ihren Eltern gegenüber waren und als Erwachsene noch sind. Viele Menschen trauen sich zunächst nicht, negativ über Vater und Mutter zu sprechen, weil sie dann das Gefühl haben, diese zu verraten.

Ich bin fest davon überzeugt, dass die allermeisten Eltern ihr Allerbestes geben. Sie wollen ihre Kinder nicht bewusst schädigen oder ihnen absichtlich etwas antun. Viele haben es nicht besser gelernt, weil sie selbst keine ideal versorgten Eltern hatten. Vielleicht haben sie auch noch durch den Krieg Traumata erlebt und sind körperlich und emotional verletzt worden. Wirklich bösartige Eltern sind sehr selten. Deshalb habe ich die Grundhaltung, dass alles, was mir erzählt wird, kein „negatives Reden" über die Eltern ist, sondern eine positive Verarbeitung der Kindheitsgeschichte. Dazu gehört es eben, alles sagen zu dürfen und jemanden zu haben, der auf die Eltern schaut, ohne zu urteilen. Diese Person – der Therapeut oder die Therapeutin – macht gleichzeitig auf Verletzungen, unerfüllte Bedürfnisse und Traumata aufmerksam.

Dazu fällt mir etwas ein, das Byron Katie (Achtsamkeitslehrerin, Bestsellerautorin und Gründerin der Methode „The Work") in ihren Büchern schreibt.

„Ich bin verantwortlich für alle Probleme meiner Kinder. Und sie sind verantwortlich für die Lösung."

Übertragen auf dich bedeutet das: Du bist für die Lösung deiner Probleme verantwortlich. Deine Eltern dafür, was sie – obwohl sie ihr Bestes gegeben haben – bei dir angerichtet haben.

Wenn wir es so betrachten, bist du jetzt gerade genau richtig bei diesem Buch. Du informierst dich darüber, wie du deine Partnerschaft erfüllter leben kannst. Und du übernimmst die Verantwortung für deinen Teil am Ganzen. Außerdem verhinderst du die Weitergabe von destruktiven Mustern an deine Kinder. Falls du keine eigenen Kinder hast, dienst du durch die Arbeit mit dir selbst allen Menschen, mit denen du zu tun hast.

Und nun komme ich auch zu der provokativen Frage in der Überschrift dieses Kapitels: Hast du den Mut, einen Blick auf deine Kindheit zu werfen, oder möchtest du eine oberflächliche Partnerschaft ohne Sex? Was hat der Blick in die eigene Geschichte mit Tiefgang und Sex zu tun?

Sowohl meine eigene Erfahrung als auch die meiner Klienten und Klientinnen zeigt, dass sich die Bewusstheit über die eigene Person in der Art der gelebten Sexualität und der Tiefe des sexuellen Erlebens widerspiegelt. Je intensiver du bereit bist, dich selbst zu reflektieren und kennenzulernen, desto tiefer erlebst du am Ende auch die Zweisamkeit mit deiner Frau. Frauen lieben den Austausch auf allen Ebenen. Sie haben Mitgefühl und Verständnis und nähren sich von ehrlicher Kommunikation. Wenn der Mann sich klar und ehrlich ausdrückt, ohne zu jammern und in eine Opferrolle zu verfallen, dann gewinnt er ihr Herz.

Selbstmitleid und Opferhaltung sind abturnend für deine Frau. Selbstmitleid und Opferhaltung sind abturnend für deine Frau. Selbstreflexion und Austausch schaffen hingegen Verbindung. Du lässt Nähe zu und zeigst, dass du die Verantwortung für dein Leben übernimmst. Das ist sexy. Es ist für sie die Tür zu Nähe und Verbundenheit und somit auch zur erfüllenden Sexualität.

Sei du selbst und sie kann sehen, wer du bist!

Das bedeutet nicht, dass deine Frau nicht ebenso ihren Part beitragen sollte. Und auch nicht, dass sie nicht ebenfalls verletzt oder gar traumatisiert sein kann und dafür ihre Verantwortung tragen muss.

Dies schreibe ich hier für dich, lieber Mann, weil viele Frauen bereits untereinander mehr im Austausch über ihre Wunden sind. Sie sind auch oft offener für therapeutische Unterstützung. Ich erlebe noch immer Männer, die nicht vor meiner Praxis parken, sondern lieber in einer Nebenstraße. Muss ja niemand wissen, dass sie Unterstützung brauchen ...

Dem Paar aus meinem Beispiel gelingt es durch das Verständnis für ihre Lebensgeschichten, mehr und mehr Milde und Mitgefühl sowohl für sich selbst als auch für den anderen aufzubringen. Das stärkt sie auch in ihrem Familienleben.

VI.
DIE WELT DER MÖGLICHKEITEN

19. Wenn du weiterhin deinen Bedürfnissen folgst, statt deine Werte zu leben, verlierst du sie.

Heute ist der Tag der Tage. Er fühlt sich super, wie neu geboren und frisch verliebt ins Leben. Endlich einmal wieder frei sein! Und das nicht nur für diesen Freitag, sondern für das ganze Wochenende. Eine Motorradtour mit seinen Männern. Zu fünft bis Sonntagabend unterwegs. Heute Mittag geht es los. Das Hotel ist gebucht, das Wetter soll fantastisch werden.

Die ganze Familie steht vor der Tür, als seine Kumpel mit ihren Motorrädern vorfahren. Gepackt ist seine Maschine seit einer Stunde. Die drei Jungs, seine Frau und auch der Hund verabschieden ihn jetzt. Ein letzter Kuss und eine letzte Umarmung, bevor der Helm auf den Kopf kommt.

„Ich würde ihm verzeihen, wenn er auch einmal einen Seitensprung macht.“

„Er hat es sich verdient“, denkt sie voller Freude. Sie haben in ihrer Beziehung eine harte Zeit hinter sich, nachdem sie durch einen Seitensprung alles infrage gestellt hatte, was in den letzten Jahren der Partnerschaft eigentlich gut funktionierte. Nun kann er ein ganzes Wochenende für sich nutzen.

Doch sie hat auch einen merkwürdigen Gedanken: „Ich würde ihm verzeihen, wenn er auch einmal einen Seitensprung macht.“ Das spricht sie allerdings nicht aus. Dafür hat ihre Beziehung sich durch die Paarberatung und ihren gemeinsamen Prozess zu positiv verändert. Jetzt tut ihr sogar weh, was sie gerade gedacht hat. Sie muss daran denken, wie sehr sie ihn verletzt hatte und wie leid es ihr tat.

Er startet nun ebenfalls sein Motorrad. Der Lärmpegel vor dem Haus erhöht sich noch einmal, als die Männer mit einer geschmeidigen Leichtigkeit nacheinander vom Hof fahren.

Frau und Kinder winken ihm nach. Er ist ganz bei sich.

Die dreistündige Fahrt hält, was sie versprochen hat. Bikerglück pur. Nach einigen Pausen kommen alle fünf am Ziel an. Für diesen Abend ist ein gemeinsames Essen mit anschließender Tanzparty im Hotel gebucht. Sie müssen sich nur kurz duschen und umziehen, um sich dann frisch und voller Vorfreude im Restaurant zu treffen. Er hatte das Einzelzimmer gebucht, während seine Kumpel in zwei Doppelzimmern verschwinden.

Nach dem Essen steigt im Haus die besagte Party, auf der sich auch all die anderen Hotelgäste aus Kegelclubs, Männerstammtischen und Frauentouren einfinden. Die Musik ist super, es wird getanzt und getrunken, und am Ende ist die Versuchung für alle Männer groß, sich die anwesenden Frauen genauer anzuschauen. Zwischenzeitlich feixen die Motorradfreunde untereinander, dass sie doch alle besser Einzelzimmer gebucht hätten. Es scheint jedoch, dass es wirklich treue Ehemänner sind, die zwar ab und zu mal Fantasien äußern, aber nichts davon in die Tat umsetzen.

Eine Frau ist für ihn heute Abend besonders interessant. Er hat es nicht darauf angelegt, sie näher kennenzulernen. Doch durch anfängliches Reden und späteres Tanzen kommen sie sich dann näher als geplant. Letztendlich stehen sie nach dem Ende der Party zusammen vor seiner Zimmertür. Es fällt ihm sehr schwer, seine Gedanken und Gefühle zu ordnen, zumal die zwei Bier nach diesem langen Tag auch ihre Wirkung zeigen. Einem inneren Ringen, das ihm vorkommt, als dauere es Stunden, folgt eine Entscheidung der Vernunft: Er gibt der Frau einen Korb, wünscht ihr eine gute Nacht und verschwindet in seinem Zimmer. Während er die Tür hinter sich schließt, fühlt er sich innerlich zerrissen. Irgendwie richtig gut und dann auch wieder nicht. „Hätte ich es tun sollen? Einmal, nach so vielen Jahren der Treue, eine Erfahrung mit einer anderen Frau machen?" Zweifelnd lässt er alle seine Gedanken zu. Ein letzter Blick auf die geschlossene Tür bestätigt seine Entscheidung. Er bleibt dabei.

Morgens beim Frühstück wird er dann, wie zu erwarten, mit Fragen seiner Freunde bombardiert. Er fühlt sich sichtbar wohl damit, ihnen zu erklären, dass er treu geblieben ist.

Zwei weitere erfüllende Tage mit erlebnisreichen Streckenabschnitten schließen sich nun an. Auch der zweite Abend, mit einer sehr genussvollen Weinprobe, endet für ihn zufrieden allein im Bett.

> **„Hätte ich es tun sollen? Einmal, nach so vielen Jahren der Treue, die Erfahrung mit einer anderen Frau machen?"**

Nach einer rundum gelungenen Tour kommen die Biker am Sonntagabend wieder wohlbehalten zuhause an.

Spätabends mit seiner Frau auf dem Sofa spricht er offen darüber, wie nah er daran war, sich auf eine fremde Frau einzulassen, und dass er es nicht getan hat.

Sie ist sehr berührt von seiner Entscheidung und merkt erst nach dem Gespräch, wie viel unbewusste Anspannung sich nun lösen darf.

Im nächsten gemeinsamen Beratungsgespräch möchte sie gern ihre Fragen dazu aufgreifen und noch einmal besprechen, wie es ihr ergangen ist.

Vier Wochen später:

Das Paar, das heute vor mir sitzt, ist nun schon zu seinem zwölften Termin da. Immer wieder gibt es neue Erkenntnisse und tiefere Einsichten, die sie mir auch im Coaching mitteilen.

Heute möchte die Frau gern darüber sprechen, wie froh sie ist, dass ihr Mann, obwohl er die Gelegenheit hatte, nicht ebenfalls fremdgegangen ist.

Nachdem er aus seiner Sicht erzählen konnte, wie schwer es ihm gefallen war, der Frau am ersten Abend der Motorradtour einen Korb zu geben und allein in sein Zimmer zu gehen, übernehme ich das Wort. Ich frage beide, ob es auch in ihrem Interesse ist, grundsätzlich einmal über das Thema Werte und Bedürfnisse zu sprechen. Denn in der Geschichte des Paares zeigt sich hier ein Unterschied.

Wenn das Stillen eines Bedürfnisses allerdings einen Wert verletzt, dann bekommt es einen faden Nachgeschmack.

Weil ich ein Okay für diese Erklärungen bekomme, möchte ich dich als Leser auch gern mitnehmen.

Was der Mann erlebt hat, ist der typische Konflikt, wenn Werte und Bedürfnisse aufeinandertreffen. Bedürfnisse direkt zu befriedigen fühlt sich grundsätzlich sehr gut an. Im ersten Moment der Erfüllung setzt ein Wohlgefühl ein. Das ist nicht nur beim Bedürfnis nach Sex so, sondern auch beim Bedürfnis nach Essen, Trinken, Spielen, Rauchen und so weiter. Der erste Moment der Erfüllung tut gut.

Wenn das Stillen eines Bedürfnisses allerdings einen Wert

verletzt, dann bekommt die Befriedigung einen faden Nachgeschmack. Besonders deutlich zeigt sich das beim Fremdgehen und bei Affären. Was sich zunächst äußerst beglückend und sehr freudvoll und leicht anfühlt, ist später oft sehr leidvoll und schmerzlich, weil oft die Werte Treue, Ehrlichkeit, Loyalität, Wertschätzung oder Respekt verletzt werden.

Auch beim Thema Essen erleben wir diese Diskrepanz zwischen dem ersten guten Gefühl der Bedürfnisbefriedigung, wenn die Tüte Chips geknabbert oder die Schokolade genascht wird, und dem Nachgang. Wenn das Bedürfnis gestillt ist, erkennen viele, dass sie ihre Werte Gesundheit, Fitness, Beweglichkeit, gesunde Ernährung und so weiter verletzt haben. Der Bauch fühlt sich aufgebläht an und erinnert damit an die Verletzung des Wertes.

Einem Wert treu zu bleiben fühlt sich oft zunächst eher lästig an.

Bei Gewohnheiten wie dem Rauchen gilt das Gleiche. Und beim Spielen am Handy oder Computer, beim Daddeln bei Facebook, Insta und Co. spüren viele Menschen ebenfalls im Nachhinein einen Werteverrat, vor allem an ihrer begrenzten Lebenszeit, die man hätte anders verbringen können.

Wenn ein Wert verletzt wird, fühlt sich das erfüllte Bedürfnis nur kurzfristig gut an und später wie ein Verrat – ein Verrat am eigenen Wert, an sich selbst.

Beim Thema Seitensprung geht es um die Treue zur Partnerin, das Vertrauen in sich selbst und um die vielleicht vereinbarte Ehrlichkeit.

Einem Wert treu zu bleiben fühlt sich oft zunächst eher lästig an. Wenn ich meine Wahrheit vertreten will und ehrliche Kommunikation auf meiner Werteliste steht, dann braucht das Mut, Zeit und Geduld mit mir und dem anderen. Der positive Effekt ist dann aber im Nachhinein deutlich zu spüren. Wenn der Abend nicht mit der Tafel Schokolade oder der Tüte Chips endet, kann es auch ein sehr wohltuendes Gefühl sein, dem Bedürfnis widerstanden zu haben und dem Wert „gesunde Ernährung" (wenn es dein Wert ist) treu geblieben zu sein.

Das, was der Mann auf dem Hotelflur erlebt hat, war quasi der Moment der Entscheidung für den Wert oder für das Bedürfnis.

Wäre er an der Stelle seinem Bedürfnis gefolgt, hätte er am nächsten Morgen seinen Kumpeln vielleicht nicht in die Augen schauen können. Er hätte befürchten müssen, dass sie ihm den Seitensprung ansehen, ihren Frauen davon erzählen und es letztendlich seine Partnerschaft gefährdet. Somit fühlte er sich im Nachhinein sehr wohl mit der Entscheidung, seinem Wert treu geblieben zu sein. Er konnte damit auch die Vereinbarung des Paares, sich für ihre Partnerschaft einzusetzen, einhalten.

Zusammenfassend ist somit Folgendes wichtig:

1. Folge immer zuallererst deinen Werten. Das fühlt sich im ersten Moment manchmal unbefriedigend an, aber im Nachhinein stets richtig.

2. Wenn du deinen Bedürfnissen Vorrang gibst, dann fühlt es sich zunächst gut an und am Ende wie Verrat an dir und anderen.

3. Wenn du einen Wert verraten hast, dann finde wieder

Ordnung, indem du ehrlich kommunizierst. Sonst setzt du eine Kette von weiteren Werteverletzungen in Gang.

4. Werde dir deiner Bedürfnisse bewusst und spreche darüber mit deiner Frau. Du musst sie nicht alle und schon gar nicht sofort von ihr erfüllt bekommen, weil die allermeisten Bedürfnisse nicht überlebenswichtig sind. Bei nicht erfüllten Grundbedürfnissen aus der Kindheit fühlt es sich aber manchmal so an, als müsse man sterben, wenn nicht sofort die Aufmerksamkeit, die Nähe, die Zuwendung der Frau da ist. Sei milde mit dir und deinen kindlichen Bedürfnissen.

5. Unstillbare Bedürfnisse und Süchte brauchen eine besondere Aufmerksamkeit. Dabei ist es immer gut, sich psychotherapeutische Hilfe zu suchen. Denn deine Partnerin kann den aus deiner Kindheit stammenden Mangel an Beachtung deiner Bedürfnisse nicht auffangen. Genauso wenig, wie du es für deine Frau kannst.

Um dich an Werten zu orientieren, ist es erforderlich, dir deiner eigenen Werte bewusst zu werden. Gerade im Bereich der Partnerschaft ist Reflexion nötig, damit du mit deiner Frau auch gemeinsame Werte entwickeln kannst.

Für mich ist EHRLICHKEIT der entscheidende Wert in Beziehungen wie im Leben überhaupt. Sich darauf zu einigen, bedeutet häufig eine komplette Umstellung der eigenen Wahrnehmung. Da gelten dann Ausreden wie: „Das ist ja nur eine Notlüge", oder: „Das kann ich ihr nicht sagen, dann ist sie verletzt", nicht mehr.

Wenn du Ehrlichkeit leben willst, gibt es keine Notlügen.

Dann musst du dich dem stellen, was es in deiner Frau auslöst, wenn du ehrlich bist.

Rede dir nicht ein, dass du deiner Frau zuliebe die Unwahr-
heit sagst. Das tust du stets nur für dich, weil du dich den
Konsequenzen der Ehrlichkeit nicht aussetzen möchtest.
Weil du dich vor der Reaktion deiner Frau fürchtest. Weil du
Angst hast, dass sie gehen könnte. Und das kann
Rede dir nicht tatsächlich so sein. Deine schlimmste Befürch-
ein, dass du für tung kann real werden. Es ist deine Entscheidung,
deine Frau die ob du weiterhin eine Lüge leben möchtest oder
Unwahrheit erfahren möchtest, wie leicht das Leben mit Ehr-
sagst. lichkeit sein kann. Wenn nichts mehr unter den
Teppich gekehrt wird, kann auch nichts das Fass
zum Überlaufen bringen. Wenn durch Ehrlichkeit alles sofort beiseitegeschafft wird und bei deinem „Fass" nicht einmal mehr der Boden bedeckt ist, erlebst du plötzlich Leichtigkeit in deinem Leben.

Du kannst jederzeit anfangen, an kleinen Schrauben zu drehen. Wenn dir deine Lügen bereits über den Kopf gewachsen
sind, macht es Sinn, dir Begleitung zu suchen.

Es braucht eine wohlwollende, klare, ehrliche, wertschätzende Kommunikation, damit hier eine Veränderung gelingen kann. Es lohnt sich so sehr. Deshalb möchte ich dich
ermutigen, diesen Schritt zu gehen.

Neben der Ehrlichkeit erlebe ich häufig noch weitere Werte
als sehr hilfreich für eine Partnerschaft. Hierbei ist es allerdings wichtig, jeweils genau zu definieren, was damit
gemeint ist:

Meine weiteren Werte „Freiheit" und „Verbundenheit" werden häufig mit „Nähe und Distanz" umschrieben. Mir gefällt Freiheit und Verbundenheit besser, weil es zusammen greift. Es gibt kein entweder oder. Ich fühle mich in meiner Freiheit verbunden mit meinem Partner und er sich mit mir. In der Verbundenheit fühle ich mich frei, weil ich sein kann, wie ich bin, einschließlich meiner Wünsche und Bedürfnisse. Durch eine ehrliche Kommunikation kann beides zusammen so gelingen, dass wir uns gemeinsam freuen, wenn der andere gerade seine Freiheit lebt.

Es gibt noch andere Werte, die ein Paar als gemeinsame Werte festlegen kann, zum Beispiel Wertschätzung, Respekt, Loyalität, Akzeptanz oder Verbundenheit.

Ich schlage meinen Klienten und meinen Klientinnen oft vor, im Internet nach Wertelisten zu suchen und dann gemeinsam zu schauen, welche Werte davon sie ansprechen. Anschließend können sich beide darüber austauschen, was jeder darunter versteht. Bezüglich der Begriffsdefinitionen gibt es übrigens erstaunliche Unterschiede zwischen Männern und Frauen. Du kannst die Basis für eine erfüllende Partnerschaft kreieren, wenn ihr gemeinsam über Werte sprecht. Werte sind ein Leuchtturm, der euch Orientierung geben kann in dunklen Zeiten.

Das Paar im obigen Beispiel ist dankbar für die neuen Erkenntnisse. Sie gestand sich voller Scham ein, dass sie damals ihren Bedürfnissen gefolgt war. Ihr Mann erkannte, dass er sich heute gut fühlt, weil er seinem Wert treu bleiben konnte. Beide sind neugierig darauf gemeinsame Werte für ihre Partnerschaft zu finden.

20. Willst du hilf(e)los bleiben?
   Dann verzichtest du auf
   inspirierende Lösungsansätze

„Schatz, ich bin dann weg", ruft sie durch das Haus. „Bis Sonntagabend. Ich habe dir ein neues Buch ans Bett gelegt. Das ist das letzte Buch, das ich dir vorschlage", beendet sie den Satz, bevor sie die Haustür mit Nachdruck hinter sich schließt. Sie verstaut Koffer und Rucksack hinten im Auto ihrer Freundin und steigt ein. Weg sind sie. Kein Abschiedskuss, keine letzten Anweisungen, nichts.

Völlig überrascht kommt er aus dem Wohnzimmer in den Flur ihres gemeinsamen Hauses und starrt einen Moment auf die geschlossene Haustür. Er ist gerade erst von der Arbeit nachhause gekommen und muss sich zunächst einmal fangen. Dann geht er nach oben, zum Zimmer ihrer Zwillinge.

„Sagt mal", beginnt er beim Eintreten in das Reich der beiden 12-jährigen Jungen, „hat Mama euch gesagt, wie es hier am Wochenende laufen soll?"

Schulterzuckend schauen die beiden nur kurz von ihren Computerbildschirmen hoch. An einem Freitagnachmittag gibt es besseres zu tun, als dem Vater lästige Fragen zu beantworten.

„Na gut", sagt er resignierend, „wir treffen uns um 18 Uhr unten zum Essen wie immer." Nur ein Nicken von zwei konzentrierten Gamern.

Nun kann er sich die Zeit nehmen, über die Abschiedsworte

seiner Frau nachzudenken. Sie hatte ihm ein Buch ans Bett gelegt. Okay, das mit den Büchern kannte er schon. In den letzten Wochen kamen von ihr auch Links zu Beziehungs-Podcasts auf sein Handy. Der letzte Link war zum Thema Sex und Tantra. Er hatte sich darüber beschwert, dass es keine Intimität mehr gab zwischen ihnen. Außerdem endeten in der jüngsten Vergangenheit zahlreiche Gespräche zwischen ihnen damit, dass seine Frau eine Paartherapie vorschlug. Gott sei Dank, so dachte er, ging der Alltag dann immer auch ohne weiter.

„Sie ist gegangen, ohne Abschiedskuss." Was soll er mit all diesen Ideen seiner Frau? Ein Buch zu lesen, kommt ihm überhaupt nicht in den Sinn. Wenn Bücher, dann Do-it-yourself-Ratgeber, Wanderroutenplaner, Reiseführer. Alles andere ist ihm lästig, liegt ihm nicht. Das müsste sie doch längst von ihm wissen. „Und was meinte sie überhaupt mit ‚das letzte Buch'? Bevor was geschieht? Das klingt wie eine Drohung", denkt er überfordert und verwirrt.

„Sie ist gegangen, ohne Abschiedskuss" – seine Gedanken machen sich so langsam selbständig und werden immer beunruhigender. Auch so ein schnelles Abrauschen kannte er bisher von ihr nicht. Natürlich war sie schon einmal ein Wochenende mit ihrer Freundin unterwegs. Im Grunde machte sie das seit zwei Jahren regelmäßig. Irgendetwas daran stört ihn aber jetzt gerade massiv. Besser gesagt: Es beunruhigt ihn so sehr, dass es die Vorfreude auf sein eigenes Wochenende trübt. Im nächsten Moment versucht er, sich selbst zu beruhigen: „Eigentlich ist doch alles gut. Es ist wie immer, harmonisch, eingespielt." Dann denkt er plötzlich: „Und langweilig."

Seine Ruhe ist dahin, auf das Wochenende mit den Jungs

fällt ein dunkler Schatten. Mit einem Blick auf die Uhr erkennt er: 16.30 Uhr. Da erinnert er sich an den Zettel mit der Nummer einer Therapeutin. Der liegt schon ziemlich lange neben den drei Büchern an seinem Bett. Wie von einer Tarantel gestochen springt er auf, läuft die Treppe hoch ins Schlafzimmer und findet den Zettel unter den Büchern, die dort seit Wochen auf ihn warten. Ein mutiger Griff zum Telefon und eine Nachricht auf der Mailbox bescheren ihm trotz des späten Freitagnachmittags noch einen Rückruf der Therapeutin zur Terminvereinbarung. Die Panik legt sich so langsam, als er weiß, dass er in zwei Wochen ein erstes Gespräch haben wird. Zunächst möchte er allein gehen. Das ist ihm wichtig. Er möchte keine schlafenden Hunde wecken.

Zwei Wochen später:

Der Mann vor mit ist Mitte vierzig, begrüßt mich freundlich und stellt sich kurz als verheiratet und Vater von zwei zwölfjährigen Jungen vor. Seine Frau wisse nicht, dass er hier sei, ergänzt er noch.

„Was führt Sie zu mir?“, beginne ich das Gespräch.

„Es gab vor zwei Wochen den Moment, da war ich so beunruhigt vom Verhalten meiner Frau, dass meine Gedanken mit mir durchgegangen sind. Ich hatte plötzlich panische Angst, sie könnte sich trennen wollen. Deshalb war ich froh, dass Sie sich so schnell zurückgemeldet haben.“ Er atmet tief durch. Es ist sichtbar, wie schwer ihm das Reden fällt.

„Haben Sie mit Ihrer Frau darüber gesprochen?“, frage ich ihn.

„Nein, natürlich nicht. Ich will nicht etwas ansprechen, was bei ihr vielleicht gar nicht von Bedeutung ist. Nachher liege ich völlig falsch und bringe sie auf dumme Gedanken", erklärt er mir.

Dann beschreibt er, wie er die Abreise seiner Frau am vorletzten Wochenende erlebt hat. Nebenbei erwähnt er all das, was sie versucht hatte, ihm nahezubringen.

Ich werde hellhörig und frage ihn, ob er möchte, dass ich ihm aus meiner Wahrnehmung als Frau und Therapeutin erkläre, was ich aus den Botschaften seiner Frau heraushöre.

Nachdem er zugestimmt hat, beginne ich mit meinen Erklärungen.

Frauen neigen insgesamt dazu, bei ihrem Einsatz für die Partnerschaft einen langen Atem zu haben. Sie fangen an, Bücher zu lesen, und fühlen sich angeregt, sich selbst besser kennenzulernen. Sie erkennen dann jedoch auch oft, dass sie etwas vermissen. Eine harmonische Partnerschaft, in der beide Partner gut funktionieren, reicht ihnen nicht länger.

Viele Frauen machen ihren Männern nun Vorschläge, die von Podcasts über Bücher und Seminare bis hin zu Coaching-Angeboten reichen. Damit sagen sie im Grunde so etwas wie: „Schatz, ich bin unglücklich. Ich weiß nicht mehr weiter. Reden hilft scheinbar nicht. Nun mach doch auch mal was!"

Manchmal sagen die Frauen dies auch ganz offen. Durch den Alltag und das Nicht-Handeln des Mannes fühlen sie sich immer wieder ohnmächtig und ausgebremst. Daraus entwickelt sich häufig eine große Frustration. Wenn sie merken, dass ihre Versuche zu reden nicht auf fruchtbaren Boden fallen, fangen sie an, immer mehr ihr eigenes Leben zu führen. Die Partnerschaft tritt in den Hintergrund. Viele Frauen möchten jetzt herausfinden, was sie glücklich macht. Sie besuchen selbst Seminare, hören Podcasts, lesen Bücher, treffen Freundinnen, fangen vielleicht ein neues Hobby an und finden Freude außerhalb der Paarbeziehung.

So etwas gehört unbedingt zur Persönlichkeitsentwicklung und ist äußerst wichtig für jeden Menschen. Ich höre von Frauen, dass sie zunächst begeistert den Mann mit einbinden möchten. Wenn sie merken, dass er nicht mitgehen kann oder will, machen sie es dann allein oder mit Freundinnen.

An dieser Stelle passiert es allerdings sehr oft, dass der Mann ihren Veränderungen und ihrem Wachstumsprozess bereits gedanklich nicht mehr folgen kann. Während er seine Energie weiter in seinen Job oder sein Business steckt, hat sie ihn mit ihrer Persönlichkeitsentwicklung an irgendeiner Stelle abgehängt. Meist völlig unbewusst erlebt sie bereits, wie ein Leben ohne ihren Mann aussehen könnte. Sie beschäftigt sich mit ihren Themen und teilt ihre Gedanken mit Gleichgesinnten. Da ihr Mann keine Anstalten zeigt, sich ebenfalls dafür zu interessieren, hat sie es aufgegeben, mit ihm darüber zu sprechen. Dadurch entfernt sie sich immer weiter von ihm – und er sich von ihr.

Meist völlig unbewusst erlebt sie bereits, wie ein Leben allein aussehen könnte.

Wenn dich, lieber Mann, jetzt ein Angstschauer überkommt, so wie gerade bei dem Mann vor mir im Sessel, dann solltest du nun nicht mehr zögern, anzuhalten, durchzuatmen und dir vielleicht auch Hilfe zu holen. Denn wenn deine Frau lange genug versucht hat, dir deutlich zu machen, dass es für sie so nicht weitergeht und du ihre Veränderung nicht ernst nimmst, hast du irgendwann keine Chance mehr. Das habe ich auch in anderen Kapiteln bereits angedeutet.

Was aber rate ich meinem Klienten – und damit auch dir – jetzt?

Meine Lösungsvorschläge beinhalten immer, sofort das Gespräch zu suchen, also direkt in die Konfrontation zu gehen. Dem Mann mache ich ein paar Formulierungsvorschläge. Er kann sich natürlich auch anders ausdrücken. Wichtig ist, bei sich zu bleiben, keine Vorwürfe zu erheben und radikal ehrlich zu sein.

Der Mann könnte zu seiner Frau gehen und sagen: „Schatz, ich muss mit dir reden. Am besten sofort. Ist das jetzt möglich?" Wenn es nicht direkt geht, sollten sich beide zu einem späteren Zeitpunkt verabreden und dafür genügend Zeit einplanen. Bitte keine Gespräche zwischen Tür und Angel! Dafür ist es zu wichtig.

Wenn beide dann zusammensitzen, ist es Zeit für Klarheit: „Schatz, ich habe am letzten Wochenende erkannt, dass ich mich bisher davor gedrückt habe, mit dir wirklich über unsere Beziehung zu sprechen. Ich hatte Angst, schlafende Hunde zu wecken, und wusste nicht, wie wir reden können, ohne dass es Streit gibt. Jetzt möchte ich von dir wissen, wo du in unserer Partnerschaft stehst. Ich habe mir Beratung geholt, und daher will ich jetzt aktiv daran arbeiten, dass es mit uns hier weitergeht. Was denkst du dazu?"

Angenommen, die Frau würde daraufhin antworten: „Das

fällt dir aber früh ein. Ich habe es dir so oft gesagt und dir
alles bereitgelegt, damit du an dir arbeiten kannst. Ich will
nicht mehr für uns kämpfen."

Nun gibt es die Möglichkeit zu erwidern: „Okay, Schatz, ich
habe den Ernst der Lage nicht erkannt. Ich war viel zu sehr
damit beschäftigt, meinen Job zu machen, mit der Routine
zufrieden zu sein und mich an den Wochenenden zu erho-
len. Ich habe dir nicht richtig zugehört. Das tut mir leid."

Wenn sie dann erwidert „Ich weiß nicht, ob es für uns beide
nicht zu spät ist", kann er ehrlich antworten: „Puh, das ist
hart für mich. Ich will aber nicht aufgeben. Wozu wärst du
noch bereit? Gibt es eine Chance?"

An dieser Stelle möchte ich dir klarmachen, dass es für mich
die größte Kraft besitzt, wenn der Mann die „Eier in der Hose"
hat, voll und ganz zu sich selbst zu stehen. Wenn
er ehrlich sagt, was gerade in ihm los ist. Wenn
er aufrichtig dazu stehen kann, dass er aus Angst
und Bequemlichkeit (oder was es auch immer
war) alle Signale ignoriert hat. Dass er ihre Not
nicht gesehen und verstanden hat und dass er zu
feige war, in den Konflikt zu gehen. Dass er Angst
hatte, sie zu verlieren, und es ihm an der nötigen
Bereitschaft zur Kommunikation gefehlt hat.

Im Grunde bleibt an diesem Punkt nur noch der Weg direkt
hinein in das, was bisher vermieden wurde. Keine Ablenkung mehr, kein Herumeiern. Stattdessen endlich auf den
Punkt bringen, worum es geht. Das mag für dich als Mann in
einer Partnerschaftskrise zunächst heftig und kaum machbar erscheinen. Ich versuche Paare trotzdem zu ermuntern,
endlich auszusprechen, was die ganze Zeit da war. Was

nützt es, weiterhin die Unwahrheit zu sagen, weil man den anderen schonen möchte? Man schont den anderen nicht, man schont sich selbst, weil die Konsequenzen zu groß erscheinen.

Diese Konsequenzen gibt es sowieso, früher oder später. Besser früher als später, finde ich. Die Lebenszeit ist begrenzt, warum nicht die Abkürzung nehmen?

Um sich Unterstützung zu holen, gibt es viele Möglichkeiten. Beratungsstellen vor Ort sind dafür da, Paare auch kostenfrei zu beraten, wenn es keine Mittel gibt. Einrichtungen wie zum Beispiel von Caritas, Diakonie oder pro familia haben geschultes Personal, um Paare in Krisen zu unterstützen. Es gibt auch spezialisierte Coaches und Berater sowie Psychologen und Psychotherapeuten, die Paartherapie anbieten. Auch Heilpraktikerinnen für Psychotherapie, so wie ich eine bin, haben häufig psychotherapeutische Ausbildungen oder Fortbildungen, um mit Paaren zu arbeiten.

Ich bin eine Freundin davon, immer auch psychotherapeutisch auf das Paar und die Familiengeschichten zu schauen. Es ist unglaublich hilfreich für die Heilung der Paarbeziehung, wenn nicht nur am Handeln etwas verändert wird, sondern auch alte Trigger erkannt, Muster durchbrochen und Traumata verstanden werden können.

Für den Anfang ist es hilfreich, gemeinsam einen Abschnitt eines Podcasts zu hören und darüber ehrlich und wertschätzend zu sprechen. Auch ein Buch kann als Grundlage dienen, in den Austausch zu gehen. Außerdem gibt es Kartensets, Spiele für Paare und sehr gute Ratgeber. Auch das Internet ist voller Impulse zum Thema. Schaut, was davon euch anspricht, und probiert es aus.

Wenn es um die Sexualität geht, kannst du dich über Tantra, Slowsex und Soulsex informieren. Ihr könnt dazu gemeinsam Videos schauen und anschließend darüber ins Gespräch kommen. Dann findet ihr heraus, ob das, was dort gezeigt wird, zu euch passt. Gerade Frauen fühlen sich sehr angesprochen von solchen sanften Arten der Berührung. Vielen Frauen hilft es, einen neuen Zugang zu ihrer Sexualität zu finden. Gerade dann, wenn sie vielleicht zu lange auch Dinge mitgemacht haben, die sie nicht wirklich erfüllt haben, ist ein neuer Weg heilsam.

Dabei ist für viele Frauen die Stimulation oft zweitrangig. Erregung ist manchmal überhaupt nicht die Art, wie Frauen gut zurückfinden zu ihrem Körper. Ihnen geht es vielmehr um die Verbindung zwischen Verlangen, Lust, Zärtlichkeit und Liebe. Dabei kommt es auf emotionale Berührung genauso an wie auf körperliche.

Weil es Frauen oft nicht um noch mehr Stimulation geht, mögen Spielzeuge vielleicht neugierig machen oder Langeweile vertreiben, doch eine Vertiefung der Sexualität habe ich dadurch noch nicht beobachtet. Vielen Frauen in meiner Praxis geht es zunächst um einen anderen Zugang. Sie suchen Nähe, Tiefe, wertschätzende Gespräche, Verbundenheit mit dem Partner – und Berührung.

Für Männer ist es häufig frustrierend, wenn ich ihnen von den Frauen aus meinem Praxisalltag erzähle. Gleichzeitig ist es aber auch häufig sehr beglückend für beide Partner, wenn der Mann sich auf das einlassen kann, was die Frau sich wünscht. Dadurch können sich auch Männer langsam dafür öffnen, mehr als das bisher Favorisierte zu erleben. Eine gelungene Mischung führt letztendlich zur Freiheit in der Sexualität. Und vor allem ist die wertschätzende Kommunikation ein wichtiges Tool im Alltag, weil sie sich wie selbstverständlich auch auf die Sexualität überträgt.

Ich möchte euch Männer ermutigen:

1. Steht zu euch und euren Macken.

2. Setzt euch zu eurer Frau ins Boot, sonst paddelt sie euch davon. Findet gemeinsame Anregungen für Gespräche über Paarthemen durch Bücher, Podcasts, Seminare oder Filme.

3. Übernehmt jetzt die Verantwortung, wenn ihr euren Frauen bisher nicht zugehört und die Brisanz der Krise nicht erfasst habt.

4. Geht raus aus der Hilflosigkeit und holt euch Hilfe. Es lohnt sich.

5. Sobald ihr die Krise erkennt, geht mitten hinein. Konfrontiert euch mit dem, was ihr befürchtet und euch bisher davon abgehalten hat, offen zu reden. Sprecht mit eurer Frau.

6. Habt die feste Absicht, eine gute Lösung für euch zu finden. Es gibt sie.

7. Sprecht mit eurer Frau auch über euer Versagen, ihre Signale zu erkennen. Es öffnet die Frau, wenn ihr euch öffnet und euch verletzlich zeigt (bloß ohne Opfergetue bitte, das turnt sie ab).

8. Seid ehrlich, zeigt euch ganz. Dann habt ihr die größte Chance. Jetzt geht es um hopp oder top.

9. Sprecht mit anderen Männern, die ebenfalls ehrlich reden wollen und können.

10. Da du diese Zeilen liest, bist du schon auf einem richtig guten Weg. Gratulation!

Am Ende dieses Kapitels möchte ich noch Folgendes sagen: Wenn deine Frau dir Empfehlungen gibt für all das, was sie bereits entdeckt hat in Büchern, Podcasts und Co., dann hat sie einen Vorsprung. Und durch die Blume sagt sie dir damit: „Ich kann nicht mehr tun, Schatz, jetzt bist du dran. Es ist deine letzte Chance."

Bitte nimm das Signal ernst. Das bedeutet für dich jedoch nicht, sämtliche Bücher und Podcasts lesen beziehungsweise hören zu müssen. Es reicht, wenn du ehrlich bist: „Schatz, ich kann das nicht alles hören und lesen. Bitte sag du mir, was du wichtig für dich und uns findest. Was ist der wesentliche Inhalt? Ich möchte dir zuhören und verstehen, was dich beschäftigt."

Wenn du es schaffst, so oder so ähnlich zu kommunizieren, das heißt einfach, klar, ehrlich und wertschätzend, dann beeindruckst du sie. Und wenn es ihr schwerfällt, sich einzulassen, lass dich nicht davon abhalten, dranzubleiben. Sie muss merken, dass du es jetzt ernst meinst, auch wenn du noch keine Ahnung hast, wie die Lösung aussieht. Es geht ihr nicht um Lösungen, sondern darum, gehört und verstanden zu werden.

Lass dich von ihrem Drama nicht ablenken. Bleib klar und

milde mit dir und ihr. Wenn ihr euch triggert, nimm dir die Zeit, dich zu regulieren. Dann versuche es noch einmal. Wenn du es einmal schaffst, schaffst du es immer wieder. Und kleine Rückschritte gehören dazu. Bleib dran.

Der Mann im obigen Beispiel hat den Schritt gewagt, mit seiner Frau zu sprechen. Sie kommen jetzt gemeinsam zu regelmäßigen Gesprächen. Beide möchten auch Einzeltermine in Anspruch nehmen. Die Zeit wird zeigen, welche Entwicklung gemeinsam möglich ist. Sie nutzen ihre Chance.

21. Wann Therapie oder Coaching angebracht sind und wann du es lassen solltest

„Das ist nicht dein Ernst!", schreit sie ihn voller Wut an. „Du hattest mir zugesagt, dass du mitgehst. Ich habe den Termin gemacht, weil Therapie für uns die letzte Chance ist."

„Genau das stört mich bei dir", spielt er ihr den Ball direkt zurück. „Dass du immer so ein Drama machen musst. Ich habe jetzt nun mal einen Termin reinbekommen und kann da nicht mitgehen. Wie, bitte schön, soll ich es dir und meinem Chef gleichzeitig recht machen?"

„Du bist ein verdammter Feigling!", zischt sie ihn wütend an, reißt ihre Jacke vom Haken, schnappt sich die Tasche und knallt die Haustür so kräftig hinter sich zu, dass das ganze Haus für einen Moment erschrocken zusammenzuckt.

„Gott sei Dank sind die Kinder nicht da", denkt er, als er aus dem Fenster schaut und sieht, wie sie sich aufgebracht auf ihr Fahrrad schwingt und losradelt.

Nachdenklich fragt er sich, ob er den Bogen gerade vielleicht überspannt hat. Seit Monaten kriselt es bei ihnen. Zu einer Paartherapie hatte er nur seine Zustimmung gegeben, damit ihr ständiges Genörgel ein Ende finden konnte. Sie warf ihm vor, nichts für ihre Ehe zu tun. Dabei verstand er überhaupt nicht, was sie damit meinte. Er brachte den größten Anteil an Geld nachhause, kümmerte sich mit um die Kinder, um den Garten und das Haus – was bitte sollte er noch alles tun, damit sie aufhören würde, herumzumosern?

Er spürt seine Ohnmacht. Und im nächsten Moment bereut er, dass er sich schon wieder von seinem Chef einen Termin hat reindrücken lassen. Jetzt hat er Stress mit seiner Frau, um keinen Ärger mit seinem Chef zu bekommen. Wahrscheinlich wäre er besser mitgegangen, damit sie endlich eine Lösung finden könnten.

„Scheiße, wie soll ich es allen recht machen?", fragt er sich.

Im nächsten Moment trifft er eine Entscheidung. Er greift zum Handy und tippt auf den Kontakt CHEF. Als sein Vorgesetzter sich meldet, sagt er klar und deutlich: „Sorry, Manfred, aus familiären Gründen kann ich gleich nicht am Online-Termin teilnehmen. Ich werde hier gebraucht. Es ist nichts Schlimmes passiert, aber ich kann es gerade nicht erklären. Alles Weitere später."

„Scheiße, wie soll ich es allen recht machen?"

Sein Chef reagiert entspannter als erwartet: „Okay, kein Problem, ich mache den Termin dann allein. Wir sprechen uns morgen." Und schon ist das Gespräch beendet.

„Oh, das war einfach", durchfährt es ihn, während er sich nun schnell in seine Jacke wirft, sich auf das neue E-Bike setzt und losradelt. Dass er sich schon vor Wochen ein Bild von der Therapeutin gemacht hat, kommt ihm nun zugute. Die Adresse im Kopf folgt er der Route seiner Frau auf dem Weg zur Praxis.

Vor dem Gebäude mit dem lila Schild am Eingang hält er an. Im Fahrradständer erkennt er das E-Bike seiner Frau und weiß, dass er richtig ist.

Er klingelt, und als er von der Therapeutin in die Praxis

begleitet wird, sind es erst wenige Minuten nach Beginn des Termins. Seine Frau sitzt bereits in einem der Sessel. Ihre Gesichtsfarbe lässt ihn vermuten, dass sie ihrem Ärger gerade Luft gemacht hat.

Die Therapeutin schlägt noch ein kurzes Ankommen für den Mann vor, sodass er in Ruhe seine Jacke ablegen und Platz nehmen kann.

Drei Minuten später:

Ich beginne das Gespräch, indem ich den Mann anschaue und sage: „Ihre Frau hat mir gerade von der Situation vorhin zuhause erzählt. Vielleicht können Sie mir schildern, was passiert ist."

Sein Blick geht zunächst zu seiner Frau, dann zu mir. Schließlich beginnt er: „Ich habe gemerkt, dass ich sehr genervt war, weil mir mein Chef kurzfristig einen Termin aufgezwungen hat. Und ich weiß, dass die Unzufriedenheit in unserer Beziehung nicht von allein weggeht. Da habe ich kurzerhand meinem Chef mitgeteilt, dass es familiäre Dinge zu regeln gibt, und habe für heute Abend die Teilnahme am Meeting abgesagt. So etwas habe ich mir noch nie erlaubt." Ein Blick zu seiner Frau zeigt ihm, dass sie sich durch seine Worte beruhigt hat. Und ihm tut es sichtlich gut, es ausgesprochen zu haben.

„Ich bin mir nicht sicher, ob das hier mit der Paarberatung gerade wirklich notwendig ist."

„Ich bin mir nicht sicher, ob das hier mit der Paarberatung gerade wirklich notwendig ist. Viellcicht können Sie uns das ja sagen", ergänzt er seine Ausführungen.

An dieser Stelle ergreife ich das Wort und versuche dem Paar meinen Standpunkt darzustellen. Das könnte für dich auch spannend werden, wenn du nicht weißt, ob du Coaching oder Therapie benötigst.

Zumeist bitte ich ein Paar, folgende Fragen zu beantworten, die ich nach und nach stelle. Dabei warte ich stets die Antworten von beiden ab. Wenn du magst, beantworte die Fragen auch für dich:

1. Leidet ihr beide oder einer von euch schon über eine längere Zeit an dieser Situation?

2. Führen Gespräche und Lösungsversuche zu keiner Verbesserung in der Kommunikation und im Alltag?

3. Gibt es immer wieder die gleichen Themen beim Streiten? Fühlt es sich wie eine ständige Wiederholung an?

4. Gibt es laute Auseinandersetzungen, die ihr selbst eigentlich so gar nicht führen möchtet? Seid ihr getriggert und wisst nicht wirklich, warum die Reaktionen so heftig sind?

5. Habt ihr eine unsichtbare Liste der Vergehen des anderen angelegt, die immer wieder herausgeholt wird, um sich gegenseitig Fehler vorzuwerfen?

6. Gibt es in der eigenen Kindheitsgeschichte traumatische Erlebnisse? Gab es bei den Eltern oder Großeltern Traumata?

7. Habt ihr das Gefühl, emotional angemessen auf die Situation zu reagieren? Wenn ihr von außen auf den Konflikt

schaut, seid ihr Erwachsene, die sich streiten? Oder fühlt ihr euch beide eher wie Kinder?

8. Gibt es oft Gefühle tiefer Verzweiflung, Ohnmacht, Wut oder Eifersucht? Hat zumindest einer von euch das Gefühl, nicht verstanden zu werden, alles allein machen zu müssen oder einsam zu sein trotz Partnerschaft?

9. Spielt zumindest einer von euch mit dem Gedanken, die Beziehung zu beenden?

10. Hat einer von euch eine heimliche Affäre?

Dir, lieber Leser, stelle ich hier noch eine elfte Frage: Reicht das Lesen dieses Buches nicht aus, um eure Probleme zu lösen? Hast du bereits ohne Erfolg versucht, die Werkzeuge aus diesem Buch anzuwenden?

Wenn du oder deine Partnerin einige dieser Fragen mit JA beantwortet, dann macht es Sinn, euch Hilfe zu holen.

Wahrscheinlich versucht ihr schon seit längerer Zeit mit den gleichen Mitteln das Problem zu lösen. Und wenn es eine Lösung gäbe, die ihr mit euren Möglichkeiten ausfindig machen könntet, dann hättet ihr sie zu diesem Zeitpunkt bereits gefunden. Wenn es noch keine gibt, dann braucht ihr von außen einen Input. Es geht um frische Impulse und Ideen, die ihr bisher noch nicht hattet. Oft ist der Blick eines Profis auf das Problem so erhellend für beide, dass sofort Erleichterung eintritt.

Und sei dir sicher, du bist nicht der einzige Mann, der jetzt gerade an dieser Stelle in seinem Leben steht.

Nun möchte ich noch einen Bogen schlagen, um dem Paar oben und dir aus meiner Sicht zu erklären, warum ich eine Paartherapie oder eine Paarberatung durch einen Therapeuten oder eine Therapeutin mit psychotherapeutischem Hintergrund und entsprechenden Ausbildungen für sinnvoller halte als ein reines Coaching.

Denn die gegenseitigen Trigger sind zu groß. Mir begegnen immer wieder Paare, denen mit guten neuen Ideen und Vorschlägen, etwa für Paarzeiten, gemeinsame Aktivitäten oder auch Visionen, nicht wirklich geholfen werden kann. Denn die gegenseitigen Trigger sind zu groß. Manchmal sind sie auch mit der Zeit so groß geworden, dass es ein tieferes Verständnis für die Lebensgeschichten beider Partner benötigt, um wirklich Veränderungen zu bewirken. Das Verständnis für eigene Muster, alte Traumata oder Verletzungen aus der Familiengeschichte, führt dazu, sich selbst besser zu verstehen. Und es hilft dabei, für den Partner, der ebenfalls seine Geschichte hat, mehr Mitgefühl zu entwickeln.

Paare fügen sich in ihrer Beziehung die tiefsten Wunden genau dort zu, wo schon früher bei jedem Einzelnen die größten Verletzungen entstanden sind.

Das Paar von oben erkennt durch die nachfolgenden therapeutischen Gespräche, die sie gemeinsam in Anspruch nehmen, viele ihrer alten Verletzungen.

Die tiefste Wunde bei der Frau besteht darin, möglichst unsichtbar sein zu müssen, weil sie eigentlich nicht gewollt war (ihre Eltern hatten das immer wieder gesagt). Somit kann sie ihre eigenen Bedürfnisse bis heute nicht wirklich wahrnehmen, dafür aber die der anderen umso mehr. Sich zu kümmern war in ihrer Geschichte die einzige Möglichkeit, überhaupt existieren zu dürfen und ein wenig gesehen zu werden. Den Glaubenssatz: „Ich bin nicht wichtig, alle anderen sind wichtiger", hat sie sehr stark verinnerlicht.

Seine tiefste Wunde ist die, dass er aus Sicht seiner Eltern niemals etwas richtig machte. Er konnte sich abmühen, wie er wollte, es gab immer etwas zu bemängeln und somit keine positive Bestätigung. Wenn er sich emotional zeigte, wurde ihm entweder von der Mutter gesagt: „Du bist wie dein Vater." Oder der Vater beschwerte sich über ihn mit den Worten: „Du bist wie deine Mutter." Egal was er tat, es war falsch, und Gefühle zu zeigen war ebenfalls verpönt.

In der Ausgangssituation dieses Kapitels fühlt die Frau sich nicht gesehen mit ihrem Anliegen. Als ihr Mann erklärt, den Termin nicht wahrnehmen zu können, lässt sie das völlig aus der Haut fahren. Denn ihr Trigger ist: „Du bist nicht wichtig, alle anderen sind wichtiger." Gleichzeitig steckt der Mann in seinem alten Konflikt, „es niemandem recht machen zu können". Bisher hatte er noch nie den Mut gehabt, dem Chef einen spontan anberaumten Termin abzusagen.

In der weiteren Zusammenarbeit mit dem Paar stellt sich heraus, wie schwer es für sie ist, wenn ihr Mann mit Freunden im Fußballstadion ist, während sie mit den Kindern zuhause sitzt. Jedes Mal, wenn er geht, fühlt sie sich verlassen, unwichtig und nicht gesehen. Mit dem Wissen darum kann ihr Mann nach und nach einen anderen Umgang mit dieser Situation finden. Er zeigt sich nicht mehr genervt wie früher, wenn sie sich beschwert, dass er schon wieder allein etwas unternimmt. In diesen Situationen kann er sie mittlerweile in den Arm nehmen und ihr sagen, wie wichtig sie für ihn ist. Er kann seine Bedürfnisse wahrnehmen und gleichzeitig Verständnis für sie aufbringen. Das wiederum tut ihr so gut, dass sie ihm auch sagen kann, wie sehr sie sich über die Freude, die er als Fußballfan erlebt, mitfreuen kann. Auch fühlt sie sich dadurch gestärkt, ihre eigenen Bedürfnisse mehr und mehr wahrnehmen zu dürfen.

Das Verständnis für die eigene Lebensgeschichte und die in der Kindheit erworbenen Muster ermöglicht es, Wiederholungen zu beenden. Dieses gilt nicht nur für Partnerschaften, sondern für jegliche Art von Beziehung. Auch auf den Job oder das Business hat es einen großen positiven Einfluss, wenn nicht immer wieder dieselben alten Muster greifen. Denn die Dynamik von Konflikten zeigt sich häufig auch gegenüber Vorgesetzten und im Kollegenkreis. Oft wiederholt sich die gleiche Art von Konflikten mit ähnlichen Menschen. Sich selbst besser zu verstehen und zu erkennen führt zu einem entspannteren Leben mit mehr Leichtigkeit und Freude.

Oft wiederholt sich die gleiche Art von Konflikten mit ähnlichen Menschen.

Das alles spricht also für eine psychotherapeutische Unterstützung auf Paarebene.

Beratung und Coaching sind ebenfalls Angebote, die wahrgenommen werden können, wenn du für die Partnerschaft Unterstützung suchst. Der Unterschied liegt darin, dass für Beratung und Coaching keine psychotherapeutischen Ausbildlungen erforderlich sind. Für die Beratungsstellen vor Ort sind die systemische Familientherapie oder andere psychotherapeutische Ausbildungen allerdings bereits Standard.

In der Beratung und im Coaching wird häufig darauf geschaut, was jetzt im Moment das Problem ist, und eher nach Lösungen auf der Handlungsebene gesucht. Bei einer akuten Krise halte ich auch diese Möglichkeit für gut, damit ein Anfang gemacht wird, sich den Problemen zu stellen.

Wenn es aber um leidvolle Wiederholungsschleifen im Miteinander geht, macht es aus meiner Sicht Sinn, die Vergangenheit mit einzubeziehen. Sobald nach früheren Erfahrungen in der Kindheit geforscht wird, sind jedoch psychotherapeutische Tools notwendig, um Retraumatisierungen zu vermeiden. Dazu braucht es spezielle Ausbildungen. Coaching und Beratung sind auf so etwas nicht ausgerichtet.

Meine eigene psychotherapeutische Arbeit verbindet die Rückschau auf die Kindheit mit Lösungen für den Alltag auf der Handlungsebene. Deshalb nenne ich meine Arbeit auch oft „psychotherapeutisches Coaching". Neben den psychotherapeutischen Ausbildungen verfüge ich auch über eine Coaching-Ausbildung. Diese Ergänzung empfinde ich als ungemein hilfreich für meine Arbeit. Ich empfehle dir daher auch, dir als Coach einen Menschen zu suchen, der über zusätzliche psychotherapeutische Ausbildungen verfügt oder auch Traumaarbeit anbietet. Wichtig ist jedoch vor allem, dass die Chemie stimmt und der Mensch vor dir authentisch ist und glaubhaft das lebt, was er lehrt.

Ist Psychotherapie immer der richtige nächste Schritt? Nein. In den folgenden Fällen solltest du zumindest vorerst keine beraterische oder therapeutische Hilfe in Anspruch nehmen:

1. Wenn du davon überzeugt bist, dass deine Frau das Problem ist und nur sie. Wenn du außerdem weißt, dass sich diese Grundüberzeugung bei dir nicht verändern wird. Dann kannst du es besser lassen und eine Menge Geld sparen.

2. Wenn du glaubst, dass deine Kindheit nichts damit zu
    tun haben kann, wie es dir heute in deiner Beziehung
    geht. Und wenn du dich für diese Idee auch nicht öffnen
    kannst.

3. Wenn du bereits eine wertschätzende ehrliche Art der
    Kommunikation entwickelt hast und diese schon täglich
    im Umgang mit deiner Frau nutzt.

4. Wenn du vielleicht merkst, dass dieses Buch eine gute
    Unterstützung ist und du zunächst ausprobieren möch-
    test, ob du mit den Erkenntnissen hieraus Verände-
    rungen bewirken kannst.

5. Wenn eure Partnerschaft ehrlich, leicht und freudvoll
    ist und ihr alles ansprechen könnt, was zwischen euch
    steht. Und wenn ihr eine erfüllende Sexualität lebt oder
    auch ohne Sex beide erfüllt seid.

Wenn du aber nun eine Paartherapie oder eine Paarberatung
anstrebst, dann möchte ich dir folgende Kriterien für die Aus-
wahl der passenden Unterstützung mit auf den Weg geben:

1. Erkundige dich vor Ort nach den vorhandenen Möglich-
    keiten: Beratungsstellen, Paartherapeuten, Heilprakti-
    ker für Psychotherapie und so weiter.

2. Wenn du dich traust, frage Freunde und Bekannte nach
    guten Adressen und hilfreichen Methoden.

3. Wenn du und/oder deine Frau Traumaerfahrungen in
    euren Geschichten habt, schaut, ob ihr jemanden findet,
    der sich mit Traumaarbeit auskennt oder traumasensi-
    bel mit Paaren arbeitet.

4. Wenn ihr extrem stark aufeinander reagiert und ständig getriggert seid, suche unbedingt nach psychotherapeutischer Unterstützung für euch.

5. Es gibt Therapeuten und Therapeutinnen, die sowohl Einzelsettings als auch Paarsettings anbieten. Für mich macht es immer Sinn, zwischenzeitlich auch mit jedem einzeln zu arbeiten, falls es erwünscht ist. Alte Wunden allein besprechen zu können, um sich selbst zu verstehen, ist oft hilfreich und erleichtert das anschließende Paargespräch. Überlege, ob du dir auch so jemanden wünschst und suche danach.

6. Fange irgendwo an. Wenn dir eine Form der Unterstützung doch nicht entspricht, kannst du jederzeit etwas anderes suchen.

7. Wenn deine Partnerin keine Hilfe will, du aber überzeugt davon bist, dann mache du den Anfang für dich allein. Es ist egal, wer beginnt. Gehe in Führung und es wird sich alles verändern.

8. Wenn du eine von der Krankenkasse finanzierte Einzeltherapie suchst und keinen Therapeuten findest, nutze die neuen Akutsprechstunden der Psychotherapeuten, die eine Krankenkassenzulassung haben. Lass dich irgendwo auf die Warteliste setzen und nutze, wenn es dir eben möglich ist, die Zwischenzeit dafür, dich an jemanden zu wenden, den du vielleicht zunächst selbst bezahlen musst.

9. Wenn du einen Heilpraktiker für Psychotherapie aufsuchen möchtest und gesetzlich versichert bist, erkundige dich im Vorfeld darüber, ob du eine private

Zusatzversicherung für die Heilpraktikerkosten für Psychotherapie abschließen kannst. Dies muss erfolgen, bevor du die Behandlung beginnst. Wenn du schon eine Zusatzversicherung für Heilpraktikerkosten hast, achte darauf, ob diese auch die Kostenübernahme für Psychotherapie beinhaltet.

Zum Schluss möchte ich noch eine Sache ansprechen, dir mir wichtig ist:

Wenn es sich am Anfang wie „Schwäche" anfühlt, dir einen Berater oder Therapeuten zu suchen, dann sage JA zu deinem Gefühl.

Auch wenn andere dir sagen: „Sich Hilfe zu holen ist ein Zeichen von Stärke", und du spürst es nicht, ist das okay. Lass dich nicht von anderen beeinflussen. Es fühlt sich erst wie Stärke an, wenn es sich für dich so anfühlt – oder eben nicht. Dann nimmst du dir eben einen Therapeuten und fühlst dich dabei schwach. So what? Du willst deine Partnerschaft retten. Das zählt.

Das Paar aus meiner Beratung erkannte bereits im ersten Gespräch, dass es eine Unterstützung braucht, um zu einer offeneren, liebevolleren Kommunikation zu finden. Sie arbeiten, wie oben schon berichtet, auch ihre Kindheitsgeschichten auf. Damit lernen sie ihre Trigger zu verstehen und zu regulieren.

22. Willst du den Erfolg in deinem Versagen erkennen oder lieber einen Rosenkrieg führen?

Wenn du alles gegeben hast, kann auch Trennung die beste Lösung sein.

Wenn du erfolgreich versagt hast, hast du alles geübt, um die nächste Partnerschaft erfüllt zu führen.

Diesmal erzähle ich keine Geschichte. Dieses Paar sitzt einfach vor mir, traurig, klar, demütig, verbunden auch im Schmerz, weil es keine gemeinsame Lösung gibt.

Sie spricht als Erstes: „Ich erkenne, dass es zu spät ist für mich, für ihn, für uns beide. Ich sehe, dass wir zu viel miteinander erlebt haben und ich deshalb schon vor zwei Jahren alle Türen geschlossen habe. Ich kann mir keine Körperlichkeit mehr mit ihm vorstellen. Er braucht das aber. Ich bin dankbar für den Weg, den wir zusammen gegangen sind und versucht haben weiterzugehen. Ich weiß, wir werden gute Eltern sein."

Diesmal erzähle ich keine Geschichte.

Dann spricht ihr Mann: „Mir geht es ähnlich wie meiner Frau. Ich erkenne auch, dass es nicht mehr geht. Ich möchte eine Partnerschaft leben, in der Körperlichkeit, Nähe und Sex ihren Platz haben. Ich bin traurig darüber, dass so etwas mit meiner Frau nicht mehr möglich ist. Und das hätte ich noch vor einem Jahr niemals gedacht und erst recht nicht zugegeben. Gleichzeitig haben wir so viel miteinander besprochen und geklärt, waren so ehrlich miteinander und so tief im Austausch, dass wir wissen, schon allein durch unsere Kinder verbunden zu bleiben. Wir haben geübt, wie ein wertschätzender Umgang aussehen kann. Jetzt möchten wir den Schritt tun, uns zu trennen."

Dieses Gespräch rührt mich zutiefst, weil ich dankbar bin, an dieser Entwicklung teilhaben zu dürfen, und großen Respekt davor habe, wenn Paare in Frieden auseinandergehen. So entstehen Vorbilder dafür – auch für die Kinder –, dass Probleme gelöst werden können und Loslassen und Abschied ein Teil des Lebens sind.

Natürlich ist es für Kinder immer schöner, beide Eltern gemeinsam zu erleben und mit beiden aufzuwachsen, sofern die Atmosphäre stimmt. Wenn sie jedoch nicht mehr stimmt, wenn ständig gestritten wird oder die gegenseitigen Trigger, manchmal auch durch Traumata, übermächtig sind, kann es für die Partner besser sein, ihren weiteren Weg allein zu gehen. Es ist dann oft auch möglich, eine Weile auszuruhen, wieder Kraft zu schöpfen und weiterhin Eltern zu sein, wenn es gemeinsame Kinder gibt.

Jede empfundene Niederlage, auch wenn sie sich noch so schlimm anfühlt, hat das Potential, zum eigenen Wachstum beizutragen. Es ist eine Erfahrung, in der eine Krise gemeistert wird. Mit etwas Abstand betrachtet, entscheidet die eigene Bewertung letztendlich darüber, ob es als erfolgreiche Bewältigung beurteilt wird oder als Versagen.

Die Trennung vom Partner kann ein emotionales Drama sein, eine neue Verletzung, eine noch tiefere Wunde als diejenigen aus der Vergangenheit. Sie kann als Ereignis abgespeichert werden, das es über Jahre erschwert, zu vertrauen und sich auf etwas Neues einzulassen. Sie kann einem ein Leben lang als die größte Niederlage erscheinen. Sie kann ein Opferbewusstsein nach sich ziehen. Finanzielle Auseinandersetzungen infolge der Trennung können zu einem Rosenkrieg führen, und manchmal werden dabei sogar die Kinder instrumentalisiert.

Und doch geht es auch anders. Das Versagen, die Niederlage, der Trennungsprozess können als wichtige Lernerfahrungen angenommen werden. Dieser Weg kann ein Erfolg sein, weil die Auseinandersetzung mit der Situation und das Wissen darum, alles gegeben zu haben, zutiefst erfüllend sind.

Es ist ein ERFOLG …

1. … den eigenen Werten treu geblieben zu sein – oder überhaupt erst einmal die eigenen Werte erkannt zu haben.

2. … sich seiner Bedürfnisse bewusst geworden zu sein.

3. … nun zu wissen, welche Werte gelebt werden wollen und wie unterschiedlich Bedürfnisse sind.

4. … die Frau als weibliches Wesen besser zu verstehen.

5. … seine eigenen Traumata und Trigger erkannt zu haben.

6. … eine friedvolle Lösung gefunden zu haben.

7. … als Eltern gemeinsam hinter den Kindern zu stehen.

8. … eine Kommunikation erlernt zu haben, die in allen Lebensbereichen die Möglichkeit eines glücklichen Lebens eröffnet.

9. ... sich selbst so nah zu kommen, dass es überhaupt möglich ist, der nächsten Partnerin, die vielleicht irgendwann in dein Leben kommt, von Anfang an ehrlich, klar und zugewandt, liebevoll und wertschätzend gegenüberzutreten.

10. ... ein neues Bewusstsein dafür zu haben, was Scheitern und Versagen bedeutet.

11. ... aus der tiefsten Beziehungskrise herausgefunden zu haben, indem du mittendurch gegangen bist.

12. ... deinen Kindern (wenn du welche hast) ein Vorbild zu sein, wie Probleme gelöst werden und Verbundenheit bleibt.

Mir liegt dieses letzte Kapitel sehr am Herzen, weil es manchmal zu spät ist für eine Rettung der Partnerschaft. Mitunter gab es so viel Verletzung und Retraumatisierung, dass es kein Zurück mehr gibt. Das ist nun einmal ein Teil der Realität. Gerade deshalb ist es mir wichtig, dass du als Mann aufmerksam bleibst in deiner Partnerschaft, dass du Signale erkennst, redest und handelst.

Bitte unterschätze nicht deine Vorbildfunktion als Mann und Vater.

Und ganz wichtig ist mir auch dies: Bitte unterschätze nicht deine Vorbildfunktion als Mann und Vater. Wenn du Kinder hast und sie sehen, wie sich ihre Eltern permanent streiten oder tagelang schweigen und immer unter Anspannung stehen, dann ist das ihr Fruchtwasser. Damit meine ich, dass ihr etwas kreiert, was die Kinder für das „normale" Familienleben halten. Das heißt, dein Sohn wird sich später entweder ähnlich verhalten wie du oder deine Art, Männlichkeit zu leben, rundweg ablehnen, weil er sich mit seiner Mutter solidarisiert und mit ihr mitleidet. Deine Tochter wird denken, dass jeder Mann so ist wie du und eine Frau dasselbe erleben muss wie ihre Mutter. Sie wird Partnerschaften eingehen, die ähnlich konfliktgeladen sind wie eure, wenn sie nie erfährt, wie Konflikte gelöst werden.

Selbst wenn du immer gedacht hast, nicht werden zu wollen wie dein Vater oder keine Frau haben zu wollen wie deine Mutter, wirst du wahrscheinlich erstaunlich viele Gemeinsamkeiten zwischen deinem Vater und dir und deiner Mutter und deiner Frau erkennen, wenn du genauer hinschaust. Manchmal verabscheuen wir bestimmte Eigenschaften unserer Eltern zutiefst, bis wir erkennen, dass wir sie in abgeschwächter Form selbst besitzen. Es ist so wertvoll, milder und liebevoller mit sich selbst zu sein. Damit öffnet sich auch die Tür dafür, friedvoller mit anderen Menschen umzugehen.

Somit bleibt mir nur noch eins zu sagen. Wenn du als Vater erfolgreich versagen willst, warte auf mein nächstes Buch oder auf einen Podcast oder wo auch immer dieses Thema Platz finden wird.

Wenn du bis hierher gelesen hast, feiere ich dich für deine Disziplin, deine Neugierde und deinen Willen dranzubleiben.

Danke, dass du hier bist, und danke dafür, dass du jetzt und hier durch deine Offenheit einen großartigen Beitrag dazu leistest, dass Männer und Frauen friedvoll und erfüllt miteinander leben können. Diese Welt braucht dich.

VII.
MÄNNERSTIMMEN
ZUM GLÜCK
IN IHRER PARTNERSCHAFT

Ich freue mich über diese Feedbacks von Männern, die mit den Tools aus diesem Buch arbeiten. Sie haben die Zusammenarbeit mit mir genutzt, um den Weg für eine glückliche Partnerschaft zu gehen. Hier geben sie dir einen Rat von Mann zu Mann. Sie beschreiben, was ihnen geholfen hat und was ihre größten Erkenntnisse sind und waren.

Ich danke allen Männern von Herzen, die hier zu den drei Fragen zu Wort kommen. Um den Datenschutz zu wahren, habe ich alle Vornamen geändert.

1. Was rätst du einem Mann, der sich in einer Partnerschaftskrise befindet?

Thomas: Wichtig ist, die Krise oder die Probleme in der Partnerschaft nicht zu ignorieren. Häufig fällt es schwer, gerade als Mann, sich einzugestehen, dass es in der Partnerschaft nicht so gut läuft. Spätestens wenn die Partnerin einen darauf anspricht, sollte man zuhören. Besser ist es sogar, selbst aktiv die Dinge anzusprechen, die einem in der Partnerschaft nicht gefallen.

Nach meiner Erfahrung wirkt sich ein Gespräch schon sehr entspannend aus. Natürlich nur unter der Voraussetzung, dass keine Schuldzuweisungen getätigt werden. Wenn das nicht möglich ist, ist es aus meiner Sicht gut, eine Hilfe von außen zu holen, sodass die Themen von einem Dritten moderiert und in die „richtige Bahn" gelenkt werden können.

Uwe: Ich habe gelernt, dass eine offene, ehrliche und respektvolle Kommunikation die Basis für eine gute Partnerschaft ist und dass das in einer Krise umso mehr gilt. Besonders wichtig war es mir in den Krisengesprächen, alles, was dazu geführt oder beigetragen hat, anzusprechen. Und das ist auch mein Rat an die Männer.

Anstelle von Anschuldigungen habe ich klare Ich-Botschaften über die eigenen Gefühle und Gedanken formuliert und meiner Partnerin so gezeigt, warum die Krise eine Krise für mich ist. Es war auch sehr gut, Dinge und Handlungen einfach zu benennen oder zu hinterfragen, ohne sie zu bewerten oder zu interpretieren. Meine Partnerin hat dann die Dinge erklären beziehungsweise aufklären können. Ich war erstaunt, wie falsch ich manchmal mit meiner Interpretation gelegen habe. Dann war ich froh, dass ich meine Version für mich behalten habe.

Paul: Ich rate jedem Mann dazu, mit vertrauten Leuten über die Situation zu reden. Leute, die nicht davon betroffen sind, haben eine neutrale Sicht auf die Situation beziehungsweise Krise.

Dennoch würde ich gleichzeitig den Kontakt zu einer professionellen Beratung suchen und es da aufarbeiten, um zu sehen, woran man arbeiten kann und sollte.

Mit der Partnerin sollte man immer offen darüber reden und dann auch vorschlagen, zusammen eine Paartherapie zu machen.

Markus: Diese Frage ist wirklich schwierig zu beantworten. Ich habe lange darüber nachgedacht und versucht, eine pauschale Antwort zu finden. Doch die gibt es leider nicht. Jede Situation ist so unterschiedlich, so individuell, und die Menschen dahinter sind es auch.

Wenn heute ein Freund mit Beziehungsproblemen auf mich

zukommt, dann rate ich ihm immer, sich mit sich selbst zu beschäftigen. Vor allem in einer Partnerschaftskrise sind wir gedanklich nur zu gern beim Gegenüber und seinem „absurden" und für uns oft unverständlichen Verhalten. Wir selbst sind ja „normal". Warum versteht das der andere nicht? Wir versuchen ihm zu vermitteln, dass er sich falsch verhält und sich ändern muss. Wir stellen uns selbst nicht selten aufs Podest und zeigen „nach unten". In diesem Augenblick herrscht aber keine Augenhöhe mehr und die Krise kann sich nur noch verschlimmern.

Für mich sind Augenhöhe, gegenseitiger Respekt und Verständnis das Wichtigste in einer Beziehung. Und das Schwierigste dabei ist manchmal, es selbst zu leben. Das kann man nämlich häufig erst dann, wenn man sich selbst erst einmal besser kennenlernt und sich über die Bedeutung der eigenen Gefühle, Werte und Wünsche Klarheit verschafft hat.

Robert: Ich würde je nach Größe der Krise zu professioneller Hilfe raten. Meist dreht man sich im Kreis beziehungsweise wiederholt seine „Gepflogenheiten". Die Sicht aus einer anderen Perspektive aufgezeigt zu bekommen, kann eine Menge Zeit einsparen, um auf das Wesentliche zu gelangen. Eine neutrale Person kann da helfen.

2. Was hat dir geholfen oder was hilft dir?

Thomas: Ich habe das große Glück, dass meine Partnerin mich aufrichtig liebt und wir gemeinsam die Dinge angehen konnten und dabei auch viel gelacht haben.

Die gleiche „Wellenlänge" und Humor sind mit entscheidend und vereinfachen die Situation erheblich, um die

Partnerschaft dann neu zu beleben und sich Fehler einzugestehen. Als „Running Gag" läuft bei uns dann: „Ich sage/melde das der Eva/Autorin)", wenn einer nicht zuhört oder in sein „altes", nicht mehr gewünschtes Muster zurückfällt. Sofort ist dann klar: Achtung, da war mal was. Eine Hilfe von außen ist nicht zu unterschätzen!

Uwe: Damit ich meine Ich-Botschaften formulieren konnte, habe ich vorher meine eigenen Werte und Bedürfnisse sowie auch meine eigenen Wünsche und Erwartungen an die Partnerschaft aufgeschrieben. So hatte ich einen Überblick und konnte keine Punkte vergessen. Ein Vergleich mit der aktuellen Situation hat mir dann gezeigt, wo meine „Brennpunkte" lagen. Bei mir ist die weitere Partnerschaft leider gescheitert, weil es zu viele Differenzen gab.

Ich glaube jedoch, dass es in vielen Fällen möglich ist, eine Lösung zu finden, wenn beide Partner ihre jeweiligen „Brennpunkte" benennen können und an einer gemeinsamen Lösung interessiert sind. Ob es eine gibt und wie sie aussieht, ist natürlich situationsbezogen immer anders. Wenn es aus der Sicht von beiden keine Lösung gibt, würde ich mir immer Hilfe von außen suchen, bevor man das Scheitern erklärt. Coaches und Therapeuten haben immer auch eine andere Sicht auf die Dinge und können sicher weiterhelfen.

Paul: Besonders geholfen haben mir die Gespräche mit Frau Lanze in der Beratung beziehungsweise in der Paarberatung. Regelmäßige Termine waren gut, um die Situation aufarbeiten zu können.

Es hat mir auch geholfen, mit vertrauten Personen darüber reden zu können. Das Wichtigste waren dabei meine Familie und meine Kinder, die mir jeden Tag unglaublich viel Kraft und Zuneigung geben.

Markus: Mir hat es geholfen, gemeinsam mit Eva meine Vergangenheit, mein Umfeld und damit mich selbst tief zu ergründen. Diese Forschungsreise hat mir gezeigt, warum ich so bin, wie ich bin, und warum ich reagiere, wie ich reagiere. Erst mit dem Verständnis über mich selbst konnte ich herausfinden, was ich wirklich möchte und wer ich sein will. Und, ganz wichtig: Ich konnte auch herausfinden, wo ich stehen bleiben muss und was meine Grenzen sind. Denn sie gehören genauso zu den eigenen Werten wie die Wünsche. Und sie sind es auch, die man (meiner Meinung nach) häufig übergeht, in der Hoffnung, es wird sich schon bessern. So passierte es auch mir, dass ich an einer Partnerschaft festhielt, in der eigentlich von Beginn an alle Zeichen auf „Wir passen nicht zusammen" standen.

Robert: Folgende Dinge haben mir sehr geholfen: Reflexion, das heißt, mich selbst zu hinterfragen. Außerdem die Partnerin mit einzubeziehen in meine Gedanken und mich zu fragen: Wie gehe ich gerade mit ihr um? Stimmen unsere Wertevorstellungen überhaupt noch überein? Bin ich achtsam ihr gegenüber?

Das weibliche Wesen als zarter zu erkennen und mich auf die Bedürfnisse meiner Partnerin einzustellen beziehungsweise einzulassen, war und ist sehr hilfreich.

3. Was war/ist deine größte Erkenntnis?

Thomas: Meine größte Erkenntnis war die Selbsterkenntnis, dass die Wünsche der Partnerin, auch wenn sie nur „klein" oder für einen selbst als nicht so „wichtig" erscheinen, doch für die Partnerin enorm von Bedeutung sein können und häufig auch sind.

Dabei geht es zum Beispiel um so banale Dinge wie das Bekunden von Interesse, wie der Tag oder der Arbeitstag der Partnerin war. Auch der Austausch über aktuelle Themen, die über die Partnerschaft hinausgehen, ist wichtig.

Freiraum zu schaffen in der Partnerschaft und Dinge „nur" zu zweit zu unternehmen ist entscheidend. Gerade wenn noch kleinere Kinder im Haus sind, kommt dies häufig viel zu kurz. Und wenn es abends nur eine halbe Stunde ein gemeinsamer Spaziergang ist, tut das auch schon gut. Besser ist es sogar, eine feste Unternehmung mit einer festen Uhrzeit in der Woche zu haben.

Uwe: Aus meinen Krisensituationen habe ich gelernt, dass es wichtig ist, offen und ehrlich zu kommunizieren, mit meinen Schwächen zu leben und sie zuzugeben und auch Hilfe anzunehmen. Das alles fiel mir am Anfang nicht leicht, ich musste es üben.

Am Ende und bei meiner jetzigen Partnersuche habe ich gemerkt, dass eine Partnerin meistens sehr positiv auf diese „Kommunikationsfreude" und Selbstreflexion reagiert. Sie stellt dabei fest, dass ich nicht einfach nur der harte, sture Kerl bin, sondern auch meine weichen Seiten habe, die durchaus liebenswert oder attraktiv sind. Viele Frauen schätzen es sehr, wenn der Mann sich mit sich selbst auseinandersetzt und auch bereit ist, darüber zu sprechen.

Paul: Die größte Erkenntnis ist und war, dass es hilft, wenn man sich Hilfe sucht und darüber redet. Denn nur dann kann man an den Problemen arbeiten und die Krise auch dauerhaft beenden. Ohne professionelle Hilfe und ohne Partnerberatung wäre meine Beziehung vorbei gewesen und man hätte es für die Zukunft auch nicht besser machen können, weil man seine eigenen Probleme nicht erkannt hätte.

Markus: Da gibt es wirklich viele Erkenntnisse. Die oberste und etwas, was meiner Meinung nach jeder verinnerlichen sollte, ist: Gefühle sind immer echt und dürfen sein. Sie sind das Ergebnis unserer Vergangenheit. Wer versucht, seine Gefühle zu unterdrücken, akzeptiert sich selbst nicht und kann auch andere nicht akzeptieren. Jeder darf so sein, wie er mit seinen Wünschen und Vorstellungen ist, auch wenn sie für einen selbst absurd klingen mögen.

Wichtig ist, dass ich niemanden verurteile. Aber ich darf mich entscheiden, was ich bereit bin zu akzeptieren und was nicht. Stehen zu bleiben kann sich hart und schwierig anfühlen, aber es ist unabdingbar für eine glückliche und erfüllte Beziehung. Und nicht zuletzt kann es den Menschen wieder näherbringen, von dem man dachte, er würde sich entfernen.

Ich würde behaupten, dass jeder in seinem Leben mal in eine Paarkrise rutscht. Wir haben immer die Wahl, welche Rolle wir dabei einnehmen. Ich kann Opfer oder Angreifer sein. Oder ich zeige meiner Partnerin Verständnis und biete ihr an, gemeinsam eine Lösung zu finden – respektvoll, ehrlich und auf Augenhöhe.

Robert: Meine größten Erkenntnisse sind folgende: Mit ihr zu reden und offen zu sein, verbindet. Die Wahrheit zu sagen, nämlich das, was man gerade denkt, bringt Freiheit. Bedürfnisse zu teilen, Gemeinsamkeiten zu pflegen und sich über kleine Dinge im Leben zusammen freuen zu können, macht glücklich. Die Komfortzonen zu verlassen, gemeinsam Neues zu erleben und Ziele zusammen zu verfolgen, sorgt für eine dynamische Partnerschaft.

VIII.
DIE 22 WICHTIGSTEN TOOLS & TO-DOS AUF EINEN BLICK

1. Akzeptiere die emotionalen und hormonellen Unterschiede zwischen Männern und Frauen und genieße die Weiblichkeit deiner Partnerin, statt Unterschiede zu bekämpfen.

2. Lausche dem, was sie zu sagen hat, und präsentiere keine Lösungen, dann fühlt sie sich verstanden.

3. Tue das, was du sagst, und sage Nein, wenn du etwas nicht tun möchtest. Das fördert das Vertrauen.

4. Nehme sie ernst, wenn sie unzufrieden ist. Redet, bevor es zu spät ist.

5. Nehme ihre Signale emotionaler und sexueller Trennung wahr. Wenn sie innerlich mit eurer Beziehung bereits abgeschlossen hat, bist du zu spät dran.

6. Untreue ist immer ein Zeichen für fehlende Verbundenheit und Nähe. Sie kann das Ende oder ein Neuanfang sein. Redet darüber und holt euch Hilfe.

7. Nehme Sexualität wichtig. Wenn sie dir fehlt, bleibe im Gespräch und suche nach Lösungen für euch als Paar.

8. Beschwere dich nicht über fehlenden Sex. Frage sie verständnisvoll, wertschätzend, liebevoll, wie es ihr damit geht. Dann kann sie reden.

9. Übernehme 100 Prozent Verantwortung für 50 Prozent des Gelingens eurer Partnerschaft. Du hast immer genauso viel Verantwortung für eure Paarbeziehung wie sie.

10. Lass dir deine Verantwortung nicht aus der Hand nehmen. Du bist nicht ihr Kind. Es turnt euch beide ab, wenn du nicht deinen Mann stehst und sie die Mutterrolle einnimmt.

11. Wenn du recht haben willst, deinen Ton verschärfst oder bestimmen willst, wo es langgeht, verhältst du dich wie ein strenger Vater. Das verängstigt sie. Damit verhinderst du Sex. Angst und Sex sind nicht kompatibel.

12. Steige aus deinen alten Mustern und Dramen aus. Wenn du wach genug bist, steigst du auch in ihr Drama nicht mehr ein. Dann wird es leicht.

13. Nehme es mit Humor, wenn du wieder in alte Streitmuster verfällst. Unterbreche es sofort und höre damit auf, wenn du dich erwischst. Mache Scherze über deine Macken. Das macht frei.

14. Sei ehrlich zu dir selbst. Finde heraus, was du denkst und fühlst, was du dir wünschst und warum du wie handelst. Zeige dich auch mit deinen Macken. Das macht dich menschlich liebenswert.

15. Sei ehrlich zu ihr. Lasse sie teilhaben an deinem Denken, Fühlen und Handeln. Sei wahrhaftig und integer.

16. Erwartungen sind tödlich und feige. Formuliere deine Wünsche und nehme das JA oder NEIN zu deinem Wunsch in Kauf. Es darf sich schlecht anfühlen, wenn sie NEIN sagt. Es macht euch frei, diese Klarheit und Ehrlichkeit zu erfahren, anstatt um den heißen Brei zu reden.

17. Erkenne deine Muster und auch ihre, dann kannst du

wach genug sein, ihr zu helfen und sie zu verstehen. Sobald sie sich verstanden und gesehen fühlt, ist sie wieder für dich da.

18. Um dich und deine Muster zu erkennen, braucht es einen Rückblick auf deine Kindheit und deine Rolle im ersten Familiensystem. Wenn du das nicht möchtest, wirst du nicht die Tiefe mit ihr leben können, die sie braucht, um sich einzulassen auf eine erfüllende Sexualität.

19. Werde dir deiner Werte bewusst und stelle deine Bedürfnisse in die zweite Reihe. Nur wenn du deinen Werten treu bleibst, verrätst du weder dich noch deine Frau.

20. Wenn sie dich auffordert, ein Buch zu lesen, einen Podcast zu hören oder Beratung zu suchen, dann heißt das: „Ich kann nicht mehr. Letzte Chance. Du bist jetzt dran, sonst bin ich weg." Du hast es verstanden, denn du liest dieses Buch.

21. Wenn du oder deine Frau in der Vergangenheit Traumata erlebt habt, holt euch Hilfe. Im Streiten oder Schweigen retraumatisieren sich Paare immer wieder gegenseitig. Das führt oft zur Trennung und Wiederholung der Problematik in der nächsten Partnerschaft. Was du jetzt nicht klärst, wird dich einholen. Kein Streit, der sich alt anfühlt, macht Sinn. Unter jedem sich wiederholenden Streitmuster liegt eine andere alte Verletzung, um die man sich kümmern muss.

22. Falls Trennung die beste Lösung für alle sein sollte, auch weil du weißt, dass du alles gegeben hast, dann trenne dich friedvoll und ehrlich. Du wirst den Erfolg erkennen, auch wenn es vielleicht zunächst nicht so scheint.

IX.
DANKE

Du hast dieses Buch nun gelesen. Dafür danke ich dir. Denn damit hast du die Verantwortung für deine Krise übernommen. Du suchst nach Lösungen und bist bereit für eine Veränderung.

Ich hoffe, dazu beigetragen zu haben, dass du dich selbst besser kennenlernen konntest – und auch deine Frau. Nun darfst du vielleicht erleben, wie das tiefe Einlassen auf eine Frau sowohl dich als auch sie erfüllen kann.

Danke für dein Vertrauen, deine Geduld und dein Dranbleiben. Du trägst damit wesentlich zum Frieden in deiner Partnerschaft, deiner Familie und letztlich auch in der Welt bei. Du bist in der Lage, die Weitergabe von Traumata an die nachfolgenden Generationen zu unterbrechen. Deine Frau und vor allem deine Kinder werden es dir danken, wenn Liebe, Mitgefühl, Wertschätzung, Klarheit und Milde dauerhaft Einzug halten in eure vier Wänden.

Und wenn du als Leser hier nicht das gefunden hast, was dir dienlich ist, dann ist auch das okay für mich. Jeder Mensch findet zu jeder Zeit das Richtige für seine Weiterentwicklung und den Weg aus der Krise. Bleibe dran und suche dir andere Möglichkeiten, deine Paarkonflikte erfolgreich zu lösen. Ich glaube an dich.

Eva

Eva Lanze ist Dipl.-Sozialpädagogin und Heilpraktikerin für Psychotherapie mit psychotherapeutischen Ausbildungen und vielen Jahren Berufserfahrung in der Arbeit mit Familien. Seit 2012 arbeitet sie in eigener Praxis mit Erwachsenen, Paaren und im Eltern-Kind-Setting. Sie lebt in einer Partnerschaft und hat zwei erwachsene Söhne.

Durch die Arbeit mit Paaren in ihrer Praxis und aufgrund ihrer eigenen Erfahrungen bei der Suche nach einer erfüllten Partnerschaft, ist sie dem, was eine lebendige Paarbeziehung ausmacht, immer mehr auf den Grund gegangen.

Durch die Feedbacks in der Arbeit mit Männern wurde ihr deutlich, wie sehr der Mann davon profitiert, wenn ihm aus weiblicher Sicht der Blick auf die eigene Frau ermöglicht wird. Dies ist der Grund dafür, die Erklärungen und Ansätze, die sich im psychotherapeutischen Praxisalltag als hilfreich für Männer gezeigt haben, in einem Buch zusammenzufassen.

Eine Brücke zwischen Mann und Frau zu bauen, damit Verständnis für die unterschiedlichsten Herangehensweisen in Konflikten entstehen kann und ein friedvolles Miteinander in Familien gelingt, ist ihr größtes Anliegen.